ピアノ名曲150選
初級編
〈バイエル〜ブルクミュラー程度〉

150
PIANO SELECTIONS
ONGAKU NO TOMO EDITION

音楽之友社

ピアノ名曲150選について

この曲集は、名曲と言われるピアノ曲を、初級・中級・上級の全3巻にわたって150曲収録しています。

選曲は、演奏会や発表会のプログラム、コンクールの課題曲、レッスンの併用曲、楽譜の売れ行きや指導者・学習者・楽器店の担当者の意見などを幅広く取材し参考にしました。また、実際に音を出してみて、曲の魅力を確かめて選んでいます。

難易度についてはさまざまな考え方があり、個人差も大きく、議論が分かれるところです。「初級編」のこの巻は、バイエル後半からブルクミュラー程度を目安に、発表会などでよく演奏されるこどものための曲や、《エリーゼのために》などの多くの人が憧れる曲をおさめています。簡単ですぐに弾ける曲もあれば、練習に時間のかかる曲もあります。難しくてもあきらめず、少しずつでも音を出して、曲の魅力を身体で感じてください。

曲のタイトルは、通称など一般によく知られているものを用いました。また欧文のタイトルも併記し、曲の出典もできる限り明記しています。
巻末には、曲目解説と音楽用語の一覧を設け、全3巻の索引も収録しています。

ページ数の関係で収録をあきらめた曲は数知れません。ピアノ名曲の世界はじつに豊かです。この曲集が、皆様のピアノと過ごす時間をいっそう充実したものにしてくれることを、願っています。

音楽之友社

この曲集に準拠したＣＤが日本コロムビア株式会社から発売されています。
「ピアノ名曲150選　初級編」イリーナ・メジューエワ（ピアノ）　TDCS0049-50
発売：日本コロムビア株式会社　　tel: 03-6895-9001

目　次

Menuett
メヌエット

J. Krieger
クリーガー

Die Klavierbüchlein für Anna Magdalena Bach
《アンナ・マグダレーナ・バッハのためのクラヴィーア小曲集》第２巻より

Menuet
メヌエット

C. Petzold, BWV Anh. 114
ペツォルト（伝バッハ）

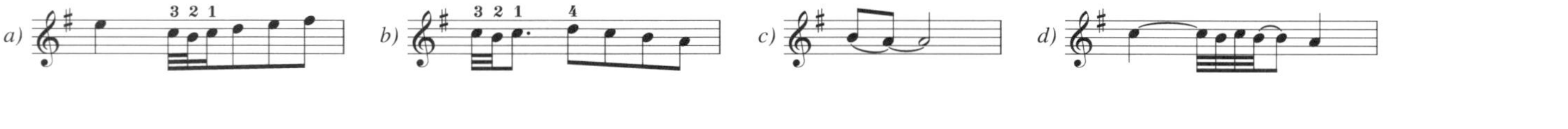

Die Klavierbüchlein für Anna Magdalena Bach
《アンナ・マグダレーナ・バッハのためのクラヴィーア小曲集》第2巻より

Menuet
メヌエット

C. Petzold, BWV Anh. 115
ペツォルト（伝バッハ）

Die Klavierbüchlein für Anna Magdalena Bach
《アンナ・マグダレーナ・バッハのためのクラヴィーア小曲集》第2巻より

Polonaise
ポロネーズ

Composer unknown, BWV Anh. 119
作曲者不詳（伝バッハ）

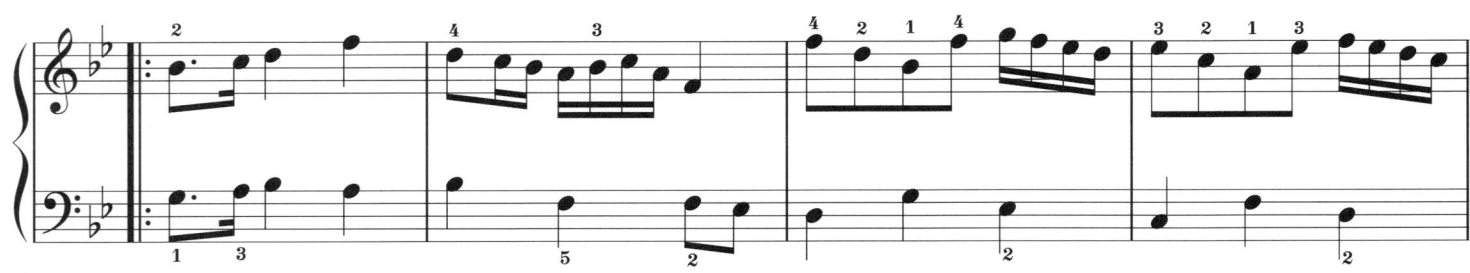

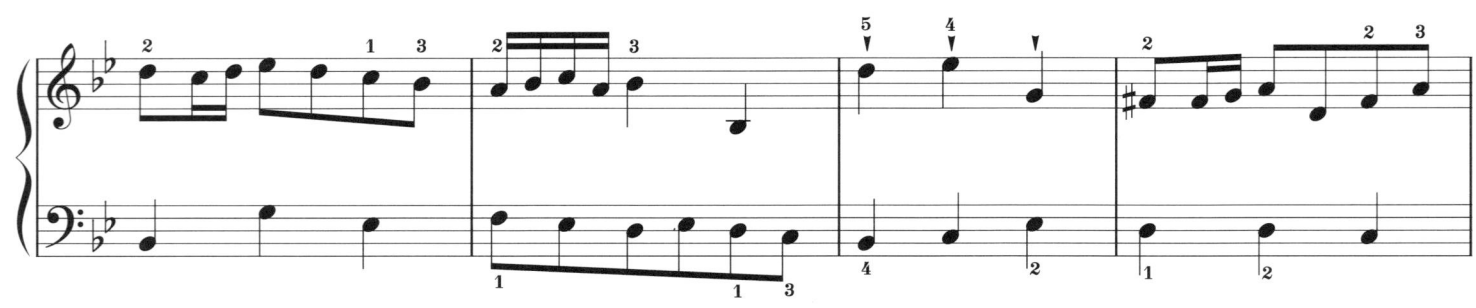

Die Klavierbüchlein für Anna Magdalena Bach
《アンナ・マグダレーナ・バッハのためのクラヴィーア小曲集》第2巻より

Musette
ミュゼット

Composer unknown, BWV Anh. 126
作曲者不詳（伝バッハ）

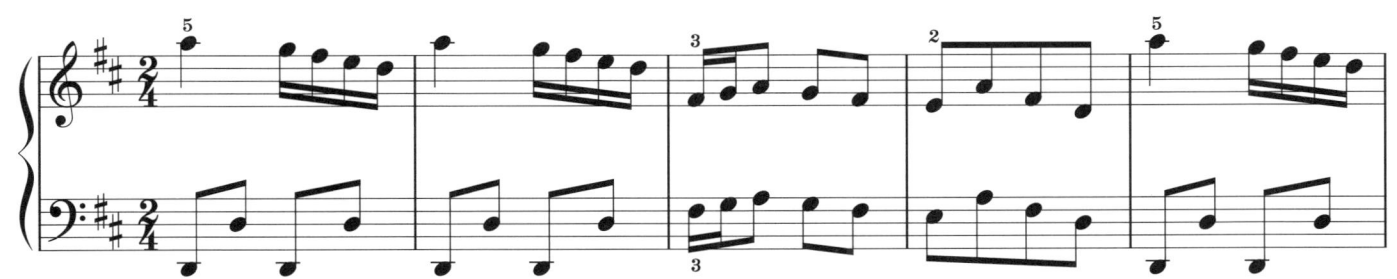

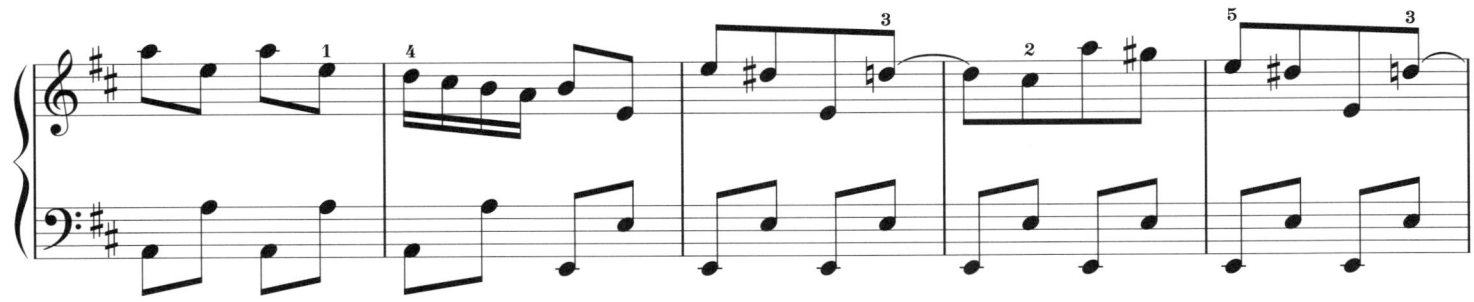

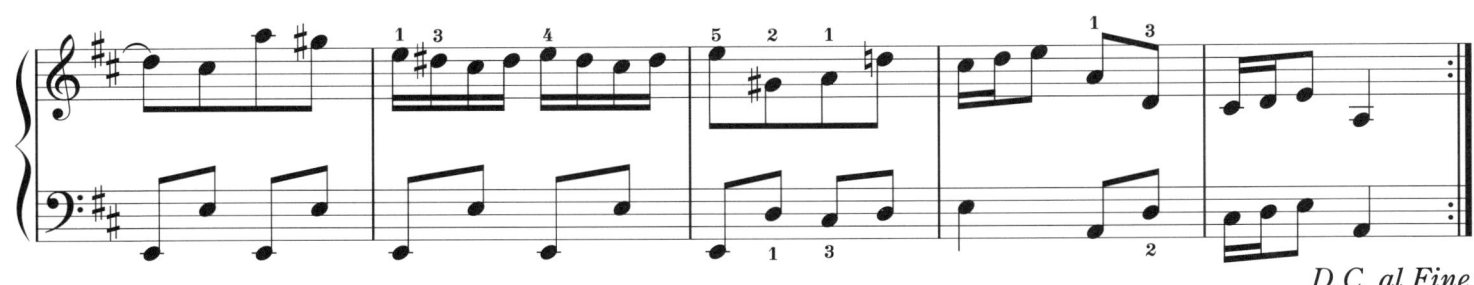

D.C. al Fine

Das Wohltemperierte Klavier I
《平均律クラヴィーア小曲集》第1巻第1番より

Praeludium
前奏曲

J. S. Bach, BWV846
バッハ

Suites de pièces pour le clavecin II
《ハープシコード組曲》第2集第4番より

Sarabande
サラバンド

G. F. Händel, HWV437
ヘンデル

Andante con moto

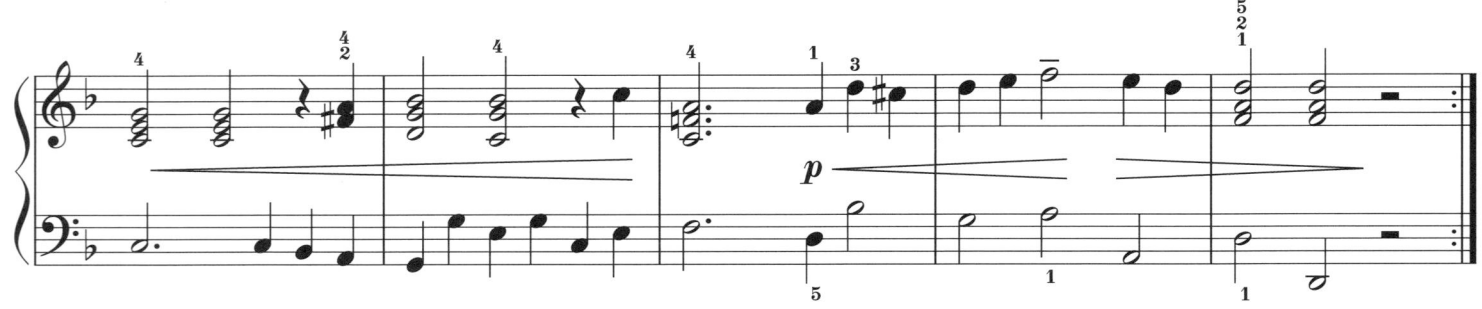

Var. I

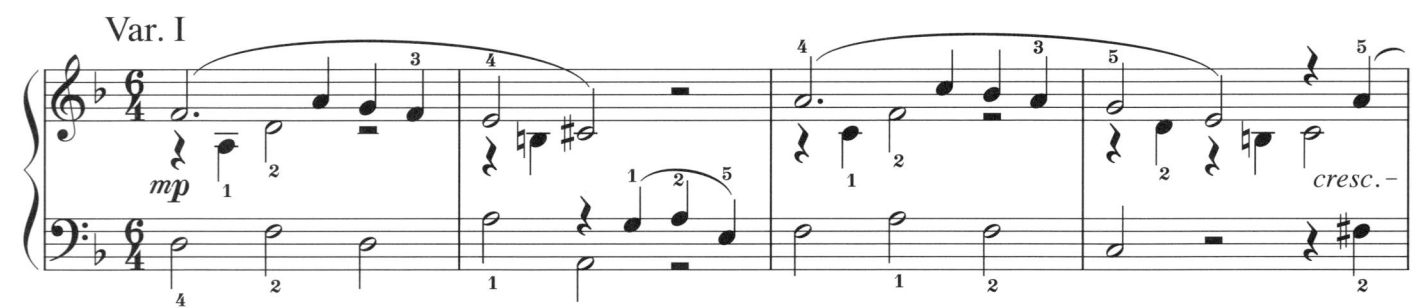

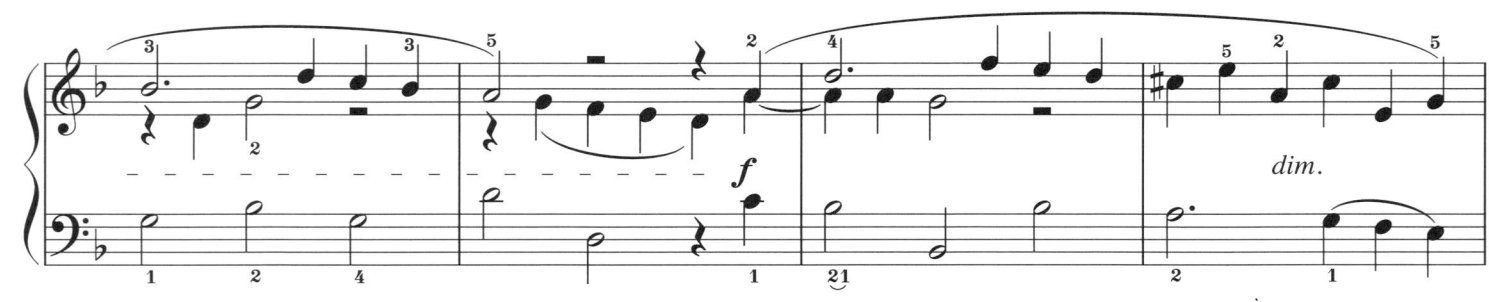

Var. II

Serse
歌劇《セルセ》より

Ombra mai fu
オンブラ・マイ・フ

G. F. Händel
ヘンデル

Oboe Sonata No. 3
《オーボエ・ソナタ》第3番より

Bourrée
ブーレ

G. F. Händel, HWV363a
ヘンデル

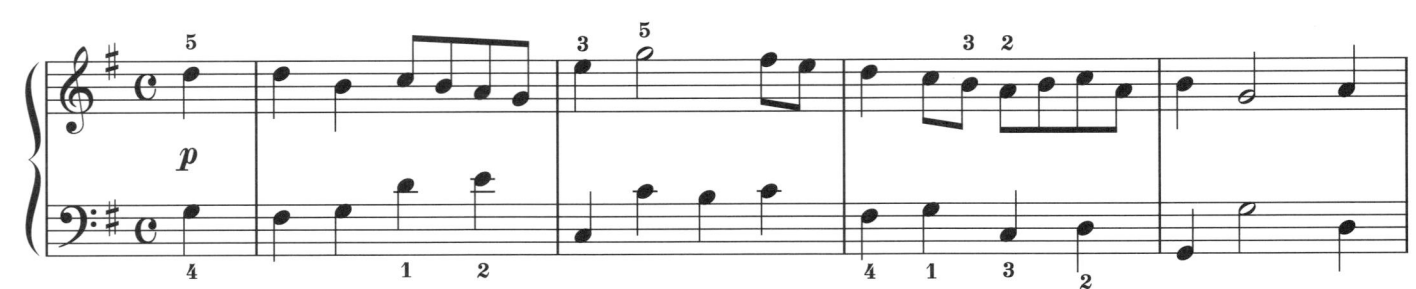

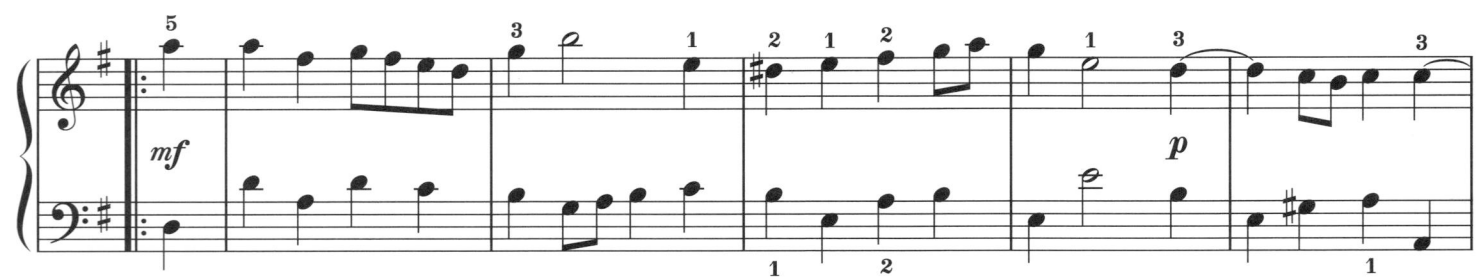

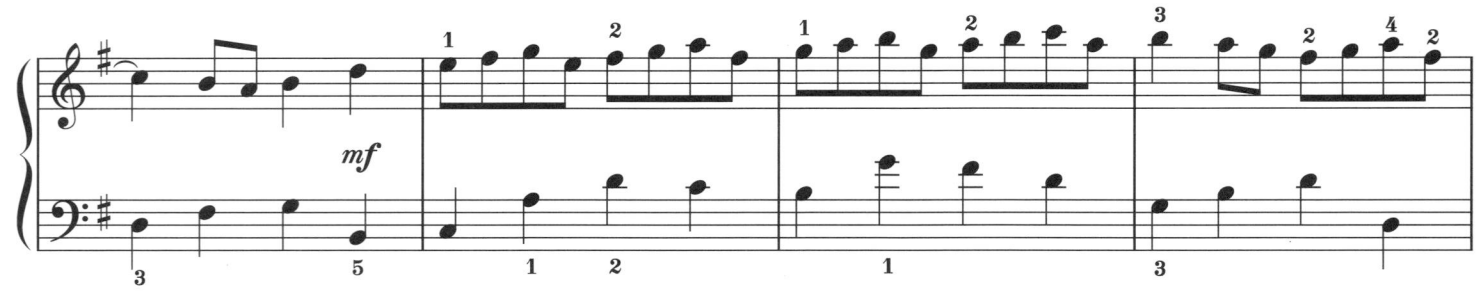

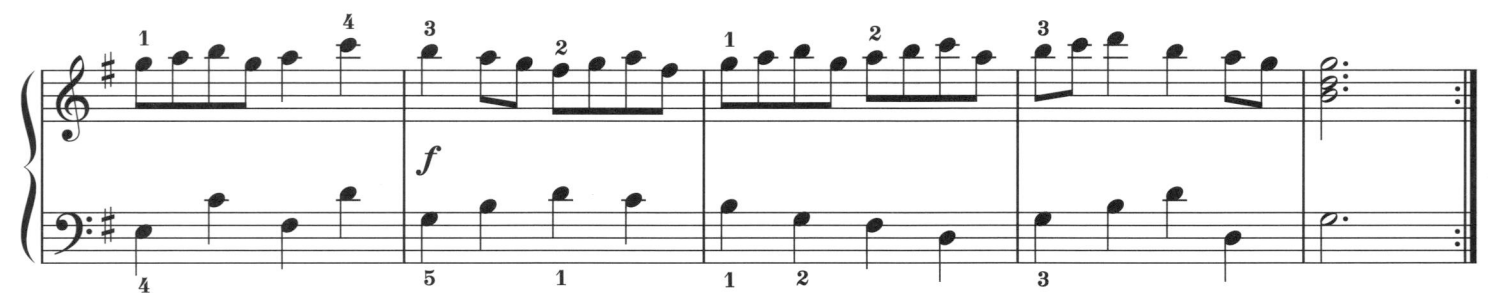

Sonata
ソナタ

D. Scarlatti, K. 159
スカルラッティ

Allegro

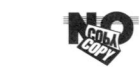

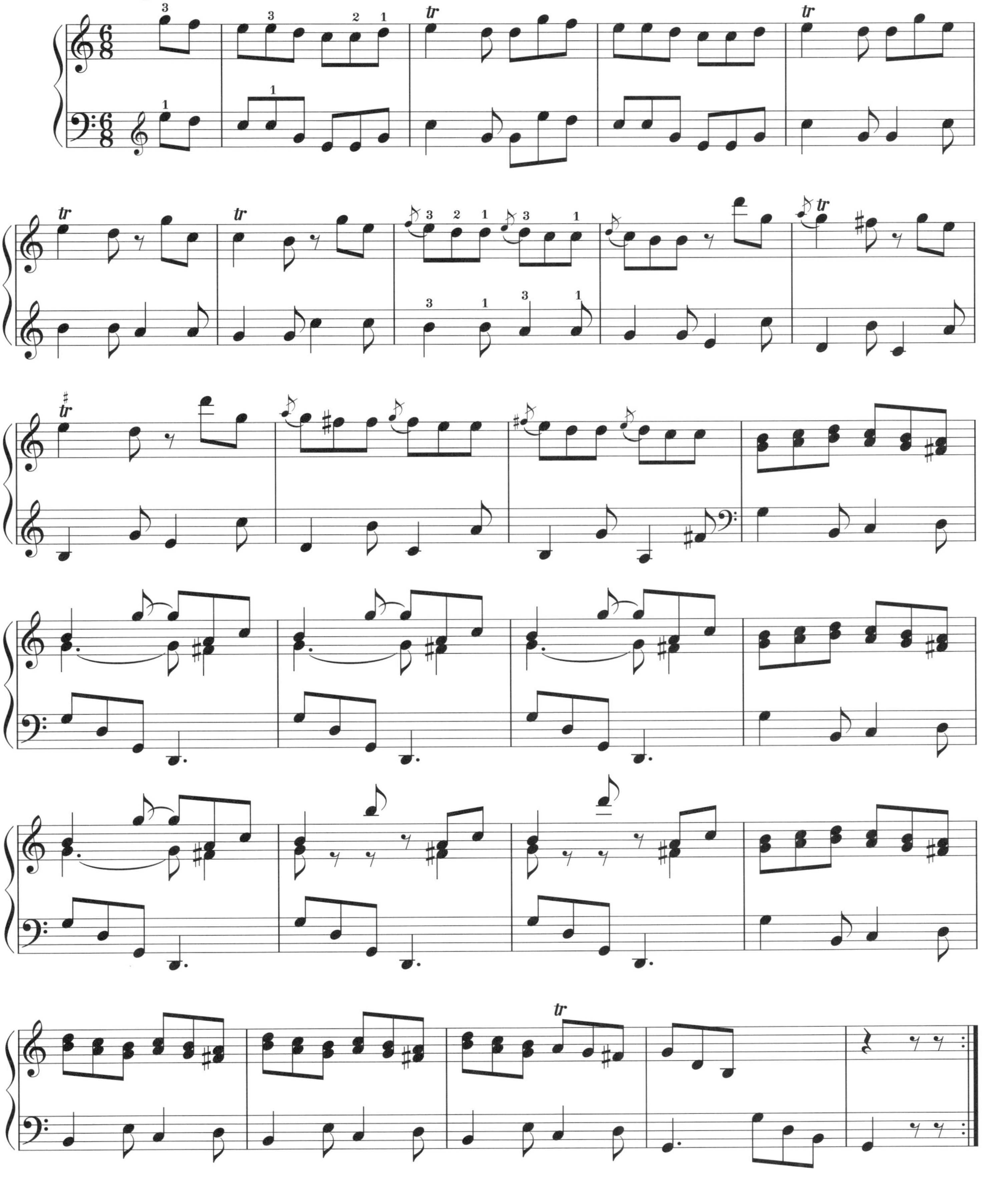

Les Petits Moulins à Vent

小さな風車

F. Couperin
クープラン

Vif et très légèrement

Tambourin

タンブラン

J. -P. Rameau
ラモー

Allegro molto

Le Coucou

かっこう

L. -C. Daquin
ダカン

18 Stücke aus Nannerls Notenbuch
《ナンネルの楽譜帳》より

Menuett
メヌエット

W. A. Mozart, K. 1e/f
モーツァルト

(Fine)

(D.C. al Fine)

Menuett
メヌエット

Allegro
アレグロ

W. A. Mozart, K. 3
モーツァルト

Romanze

ロマンツェ

L. v. Beethoven, Kinsky-Halm Anh. 5
ベートーヴェン

Menuett G dur

ト調のメヌエット

L. v. Beethoven, WoO10-2
ベートーヴェン

Tempo di Minuetto

Für Elise

エリーゼのために

L. v. Beethoven, WoO59
ベートーヴェン

Écossaise

エコセーズ

J. N. Hummel
フンメル

Allegretto
アレグレット

A. Diabelli
ディアベリ

Moments Musicaux III

楽興の時第３番

F. Schubert, op. 94-3 / D. 780
シューベルト

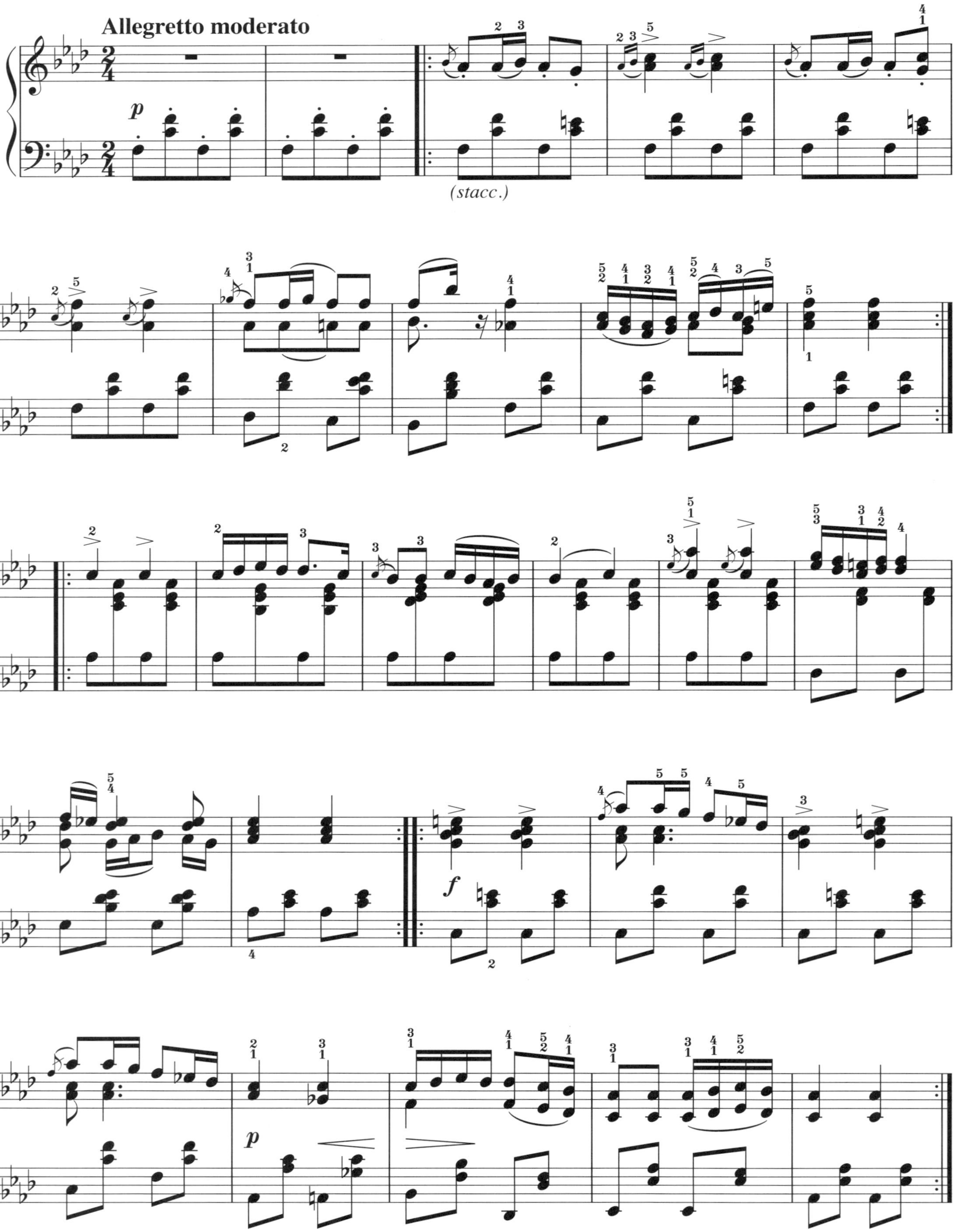

Allegretto moderato
p
(stacc.)
f
p

Mazurka

マズルカ

F. Chopin, op. 7-1
ショパン

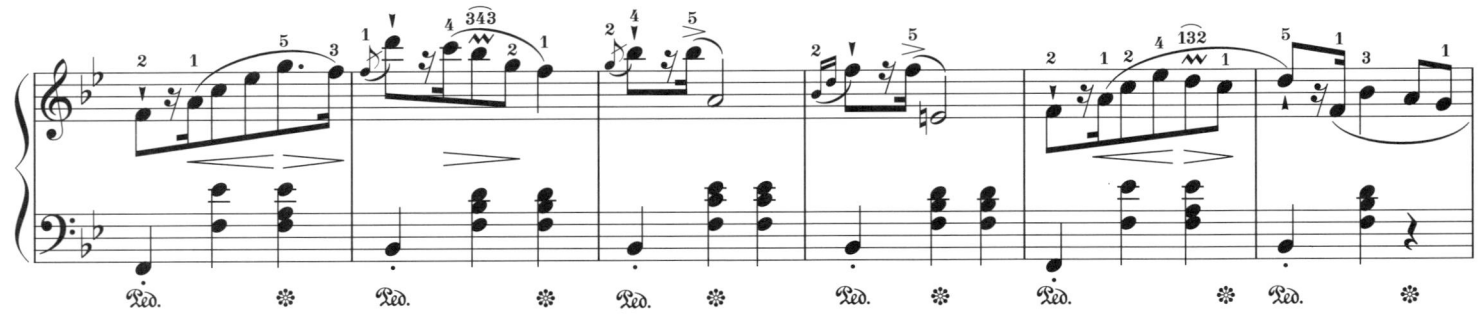

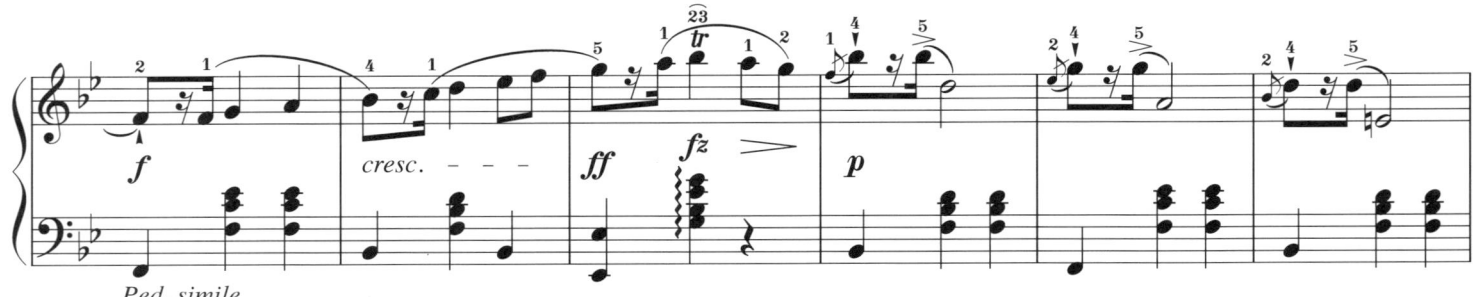

Valse

ワルツ

F. Chopin, KK IVb/11
ショパン

Allegretto

Prélude

前奏曲

F. Chopin, op. 28-7
ショパン

Prélude

雨だれの前奏曲

F. Chopin, op. 28-15
ショパン

48

Album für die Jugend
《こどものためのアルバム》より

Soldatenmarsch
兵隊の行進

R. Schumann, op. 68-2
シューマン

Munter und straff

Album für die Jugend
《こどものためのアルバム》より

Wilder Reiter
勇ましい騎手

R. Schumann, op. 68-8
シューマン

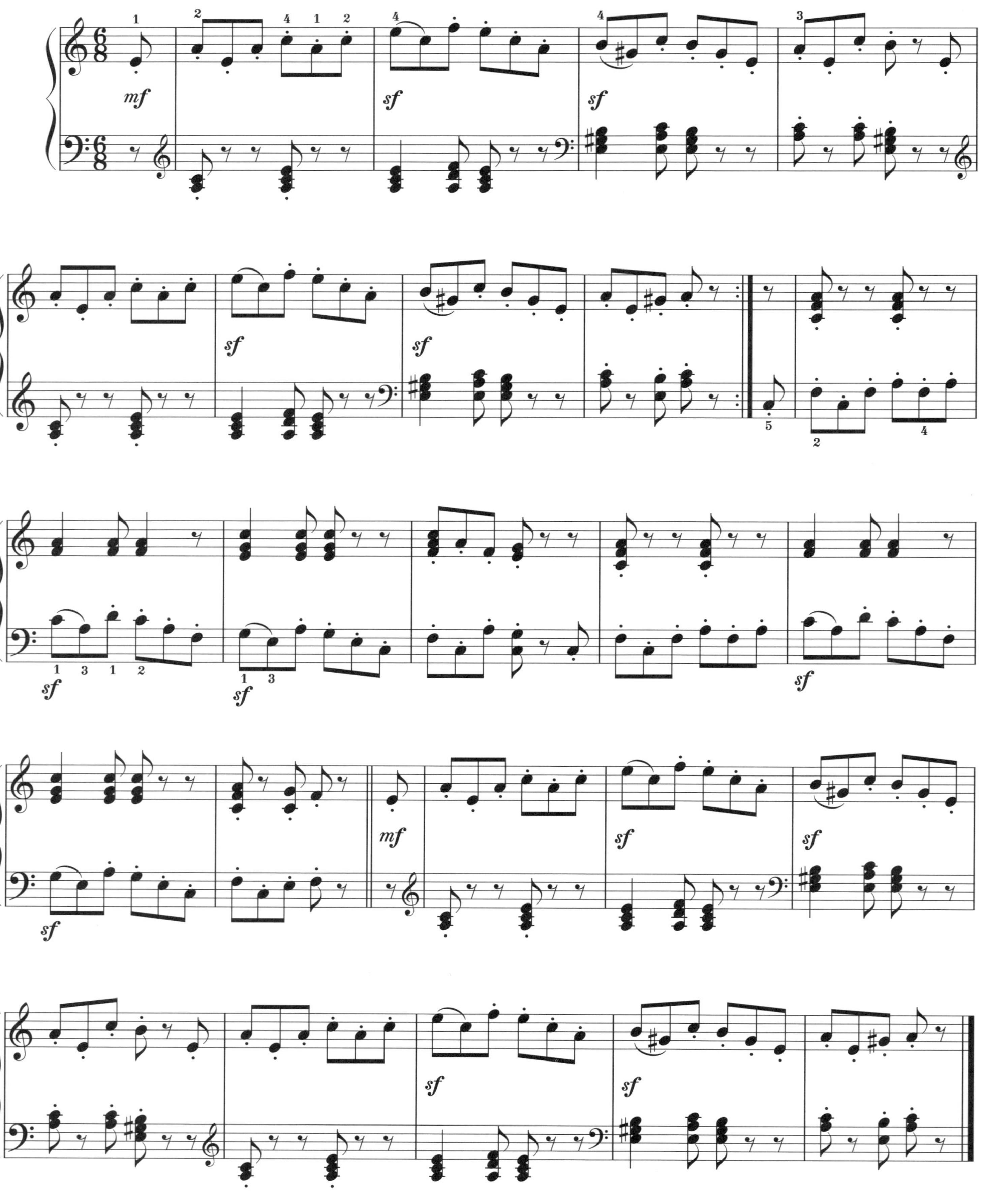

Album für die Jugend
《こどものためのアルバム》より

Frölicher Landmann
楽しき農夫

R. Schumann, op. 68-10
シューマン

Frisch und munter

Album für die Jugend
《こどものためのアルバム》より

Erster Verlust
はじめての悲しみ

R. Schumann, op. 68-16
シューマン

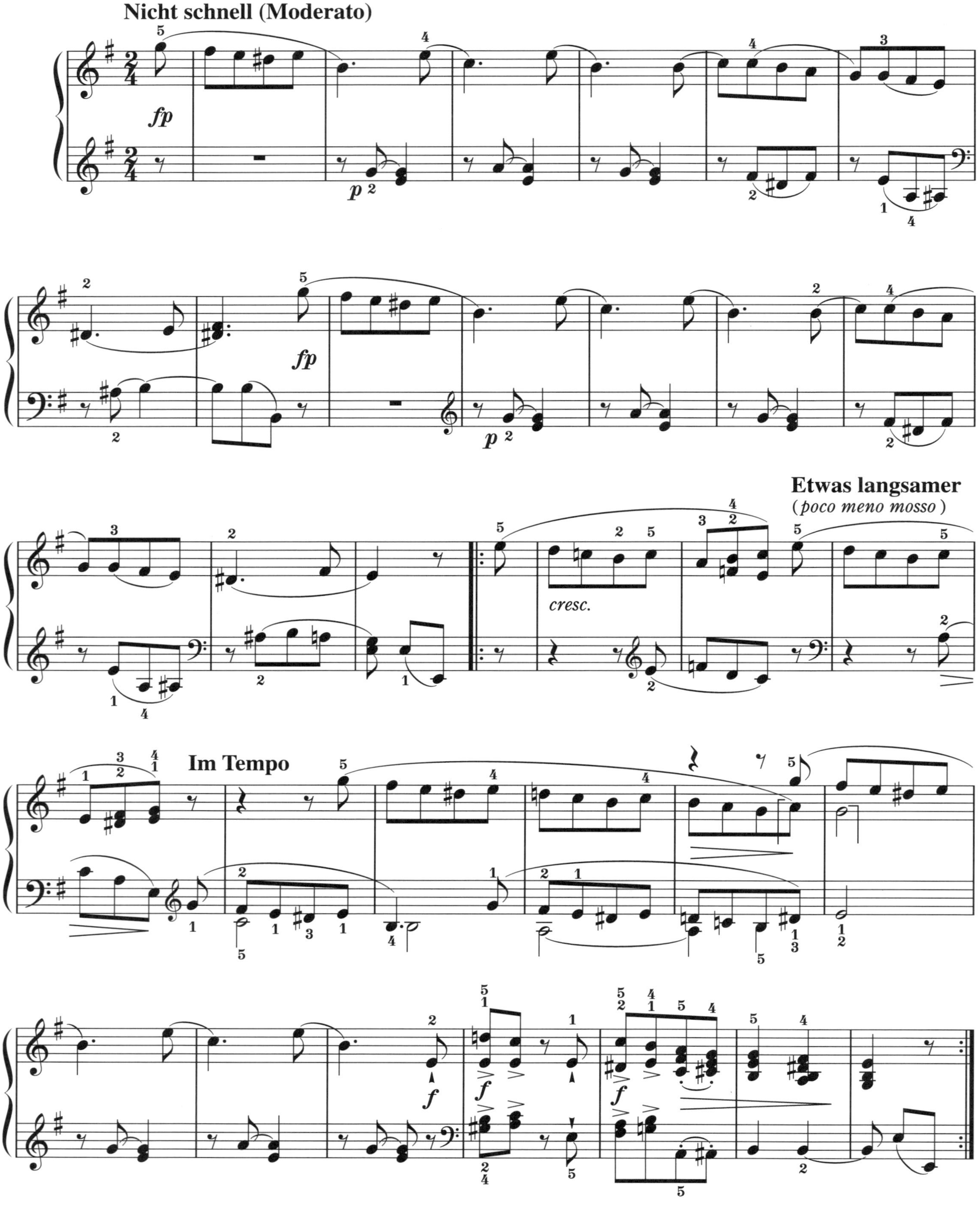
Nicht schnell (Moderato)
fp
p
fp
p
cresc.
Etwas langsamer
(poco meno mosso)
Im Tempo
f
f
f

Kinderszenen
《こどもの情景》より

Träumerei
トロイメライ

R. Schumann, op. 15-7
シューマン

Lohengrin
歌劇《ローエングリン》より

Brautchor
婚礼の合唱

R. Wagner
ワーグナー

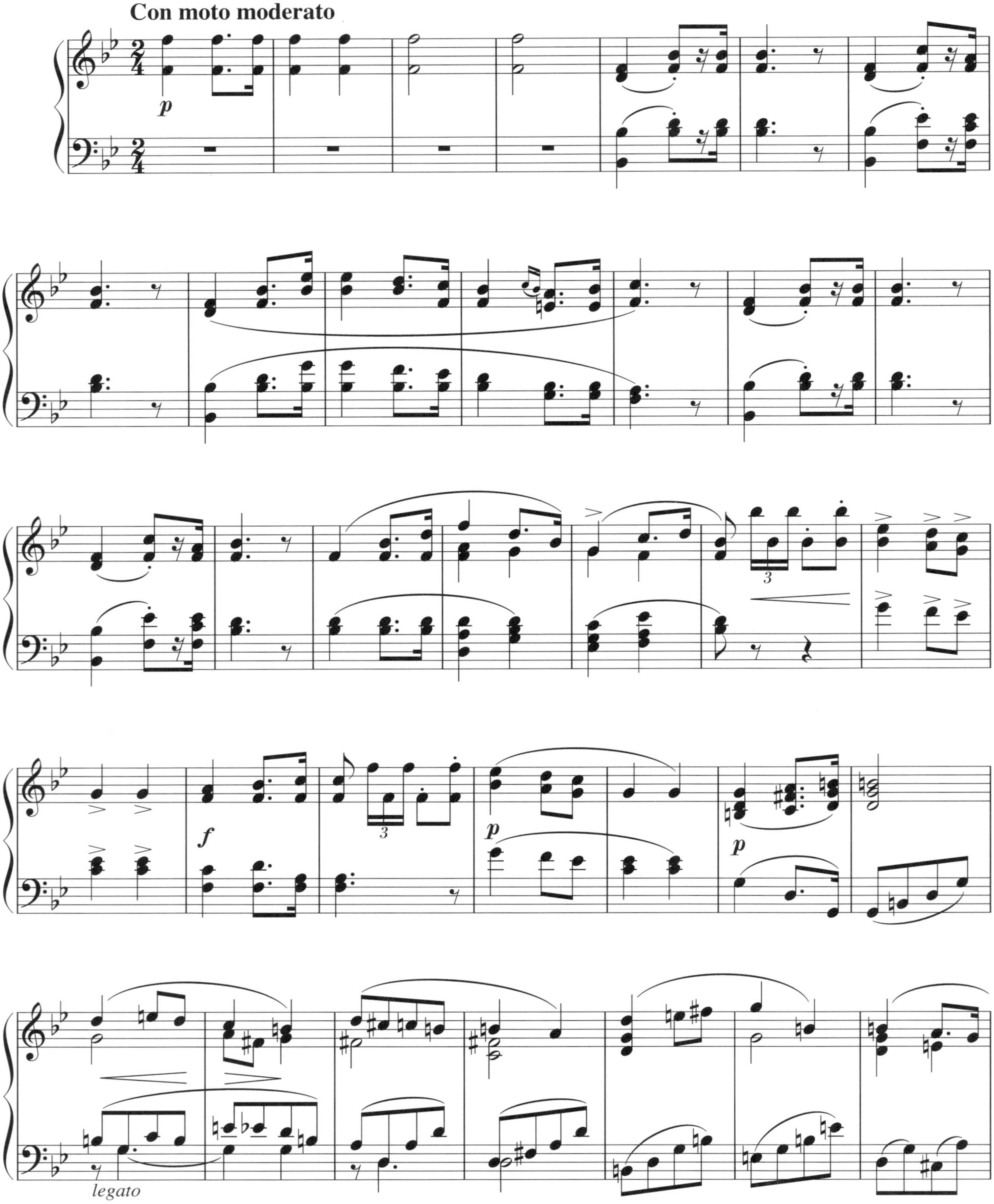

Con moto moderato

Dolly's Dreaming and Awakening

お人形の夢と目覚め

T. Oesten, op. 202-4
エステン

Andante con moto

Cladle song
子守歌

Moderato

Dolly's dream

お人形の夢

Dolly awakes

お人形の目覚め

Allegretto moderato
Dolly dances
お人形の踊り

Alpenglöckchen

アルプスの鐘

T. Oesten, op. 175
エステン

Moderato

Spinnerlied

紡ぎ歌

A. Ellmenreich, op. 14-4
エルメンライヒ

ベートーヴェンのピアノ（エラール社製）

シューマンのピアノ（グラーフ社製）

ショパンのピアノ（プレイエル社製）

グリーグのピアノ（スタインウェイ社製）

Tyrolienne

ティロリエンヌ

J. Rummel
ルンメル

Allegretto

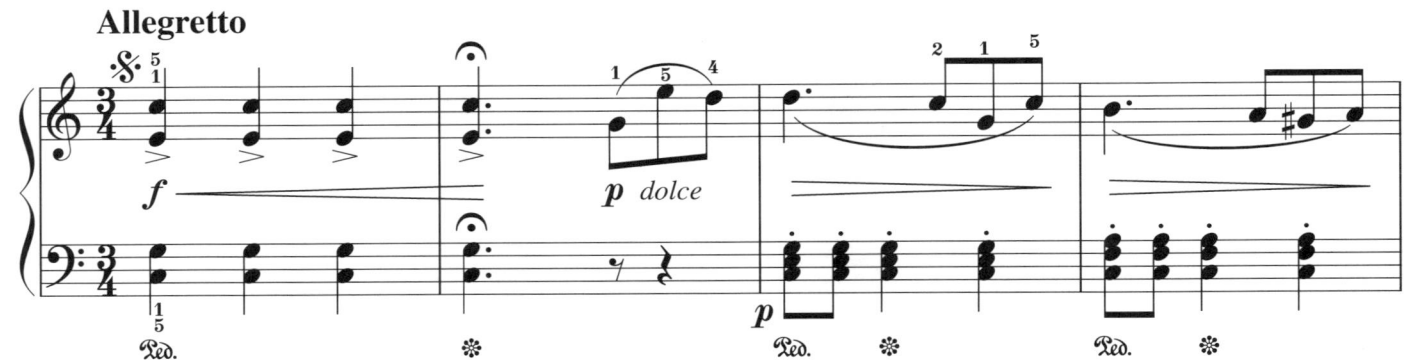

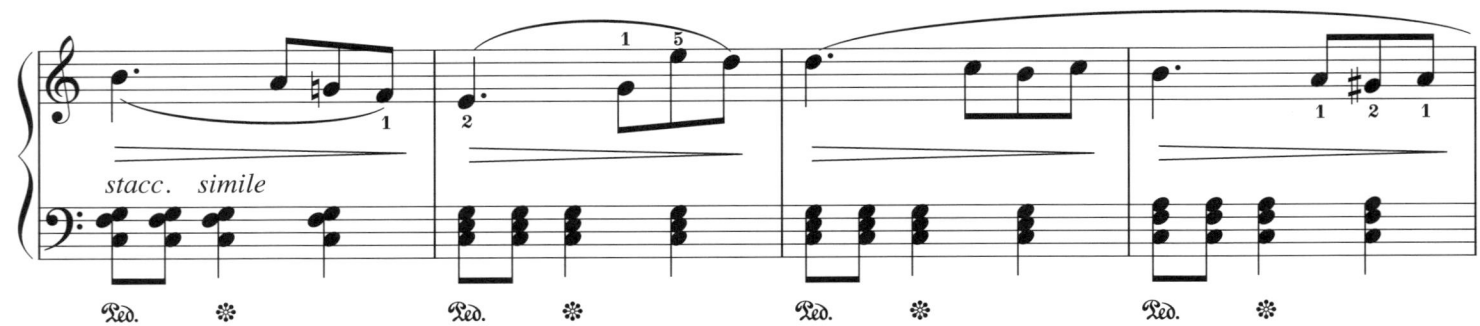

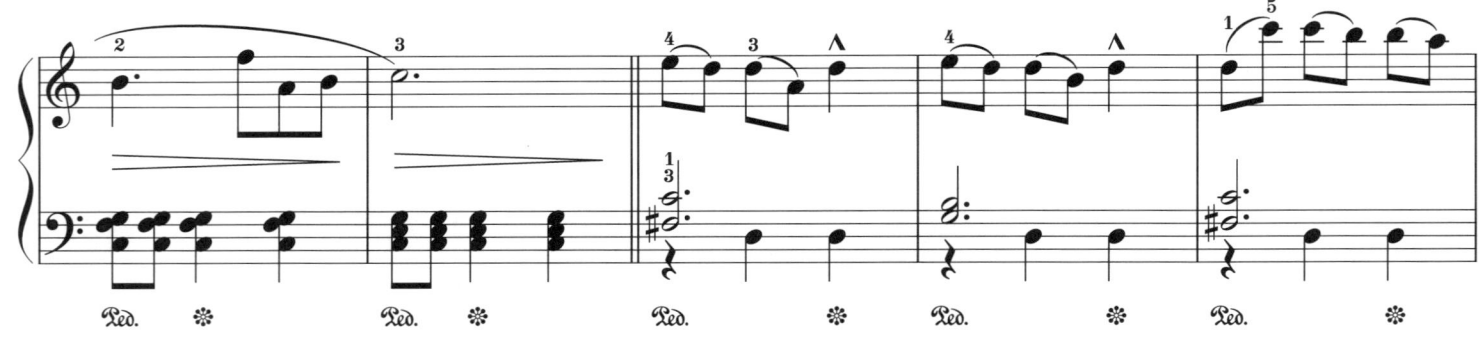

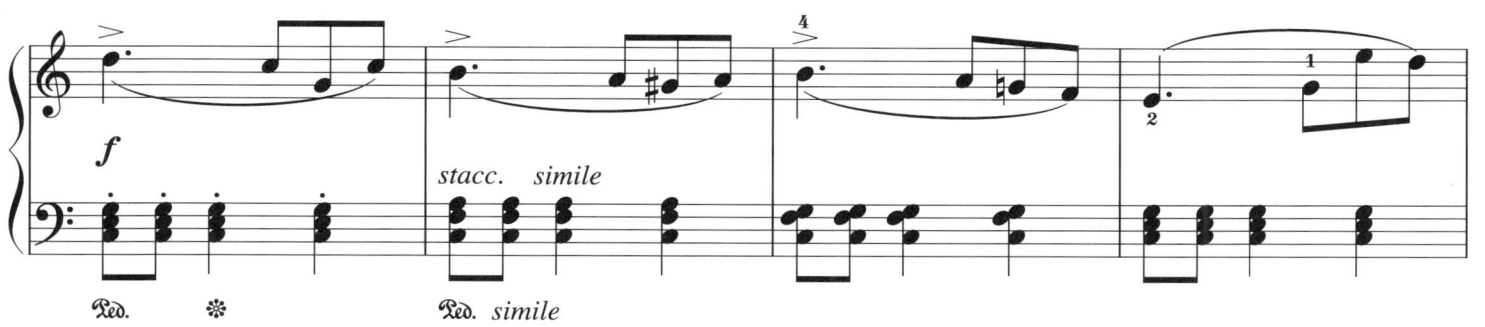

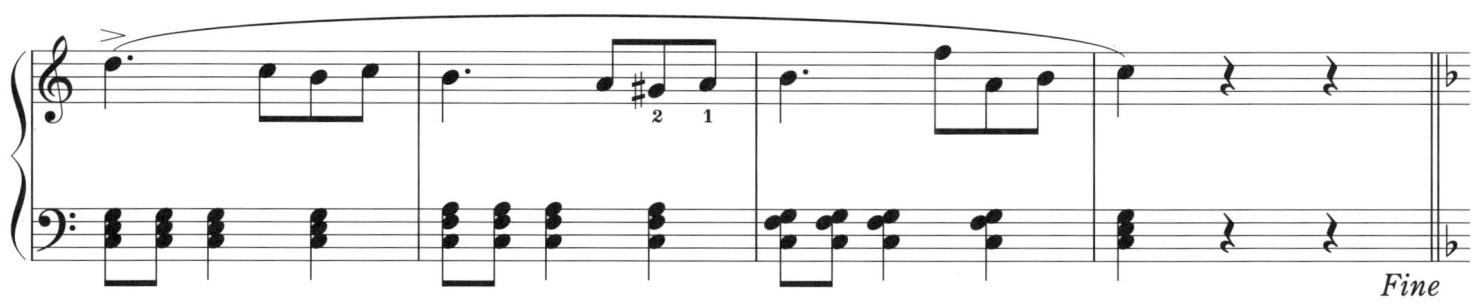

Fine

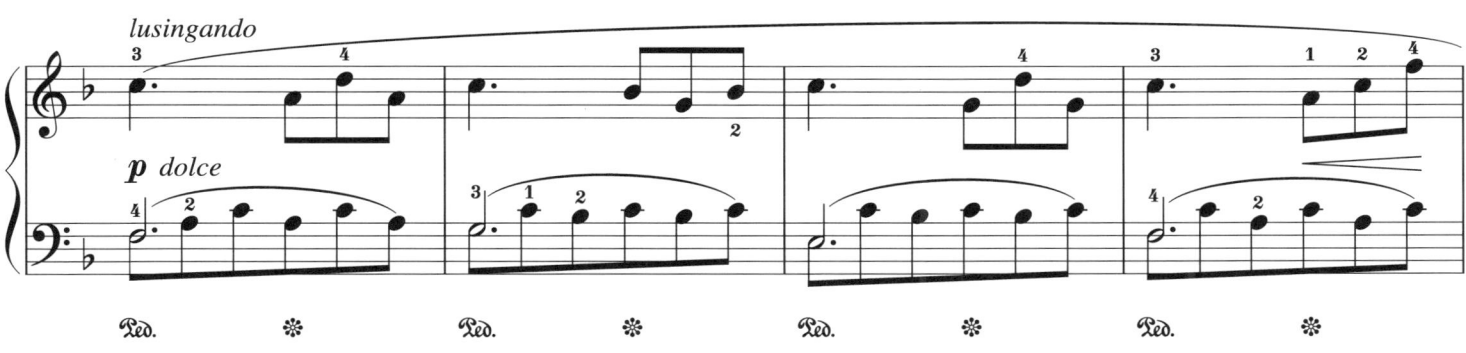

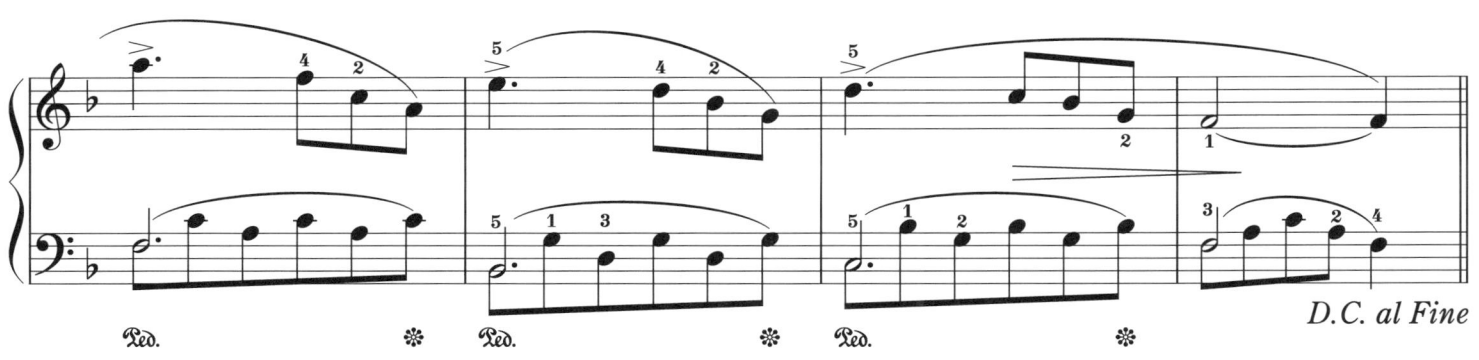

D.C. al Fine

In der Tanzstunde

舞踏の時間に

H. Lichner
リヒナー

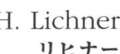

Tyrolienne

p risoluto

mf

Fine

D.C. sin' al Fine

Forget-Me-Not

忘れな草

H. Lichner
リヒナー

Andante con moto

p con espress.

ben legato sempre il basso

ritard.　　*a tempo*

decresc.

p

Gavotte

ガヴォット

C. Gurlitt, op. 210-9
グルリット

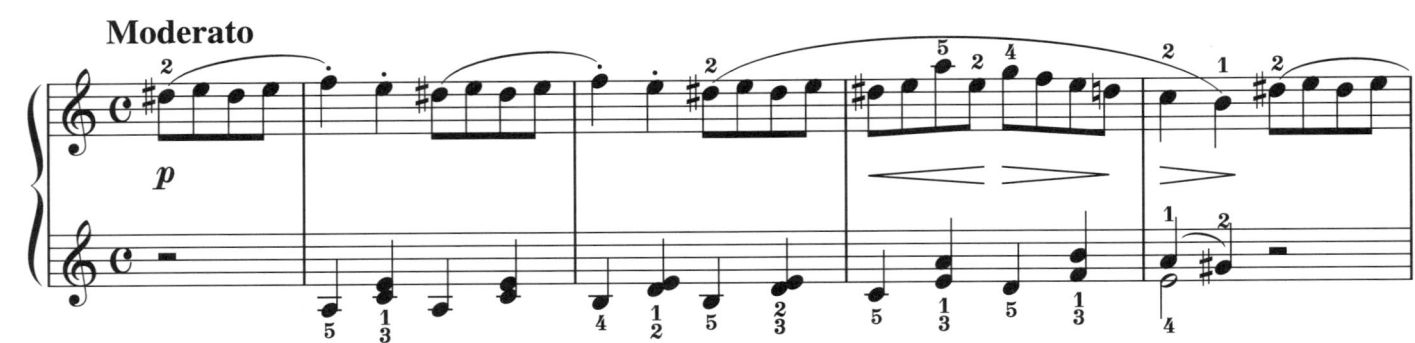

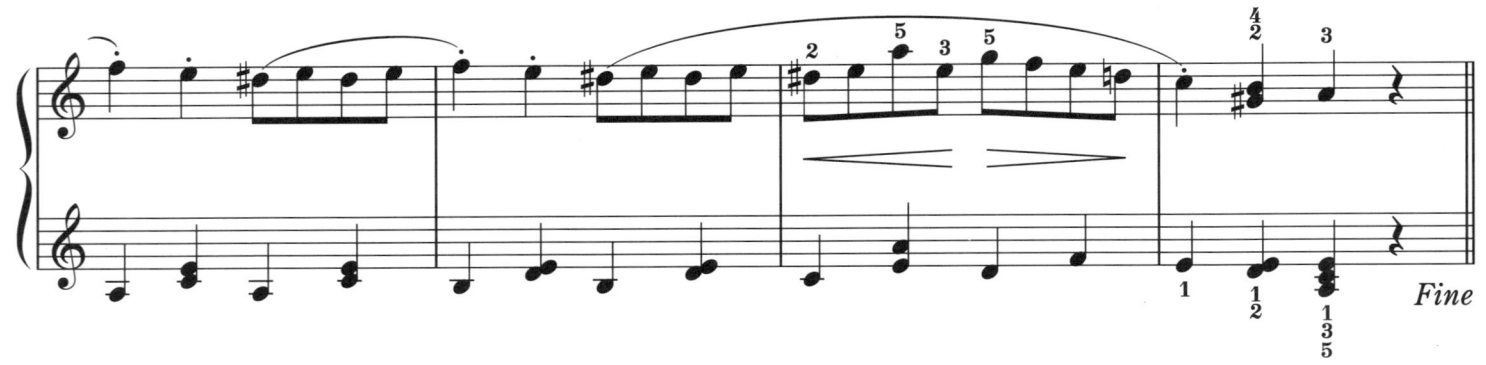

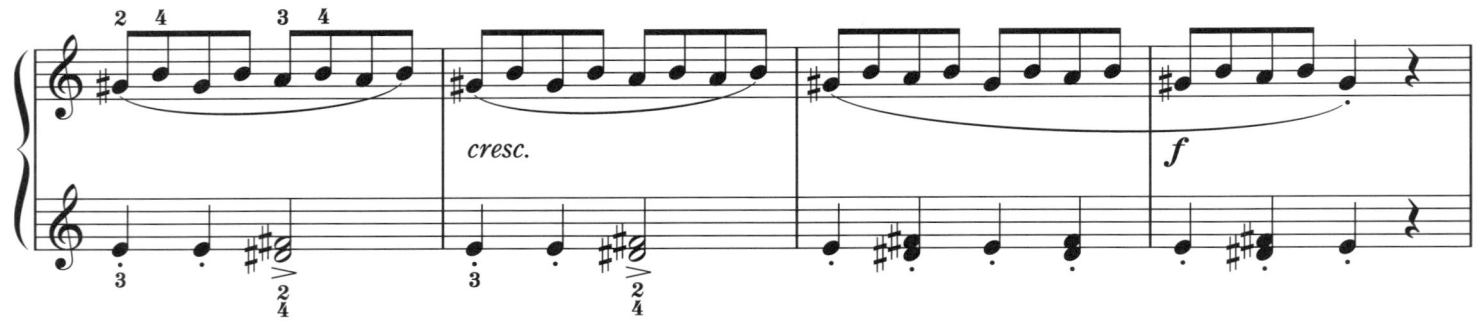

D.C. al Fine

Kleine Romanze
小さなロマンス

C. Gurlitt, op. 210-15
グルリット

Die Marionetten

あやつり人形

E. Rohde
ローデ

Heidenröslein

荒野のバラ

G. Lange, op. 78-3
ランゲ

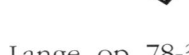

Andante cantabile

La violette

すみれ

L. Streabbog, op. 99-1
ストリーボック

Tempo di Valse

Les Patineurs

スケーターズ・ワルツ

E. Waldteufel, op. 183
ワルトトイフェル

Tempo di Valse

Fine

Meditation

瞑想

M. Musorgsky
ムソルグスキー

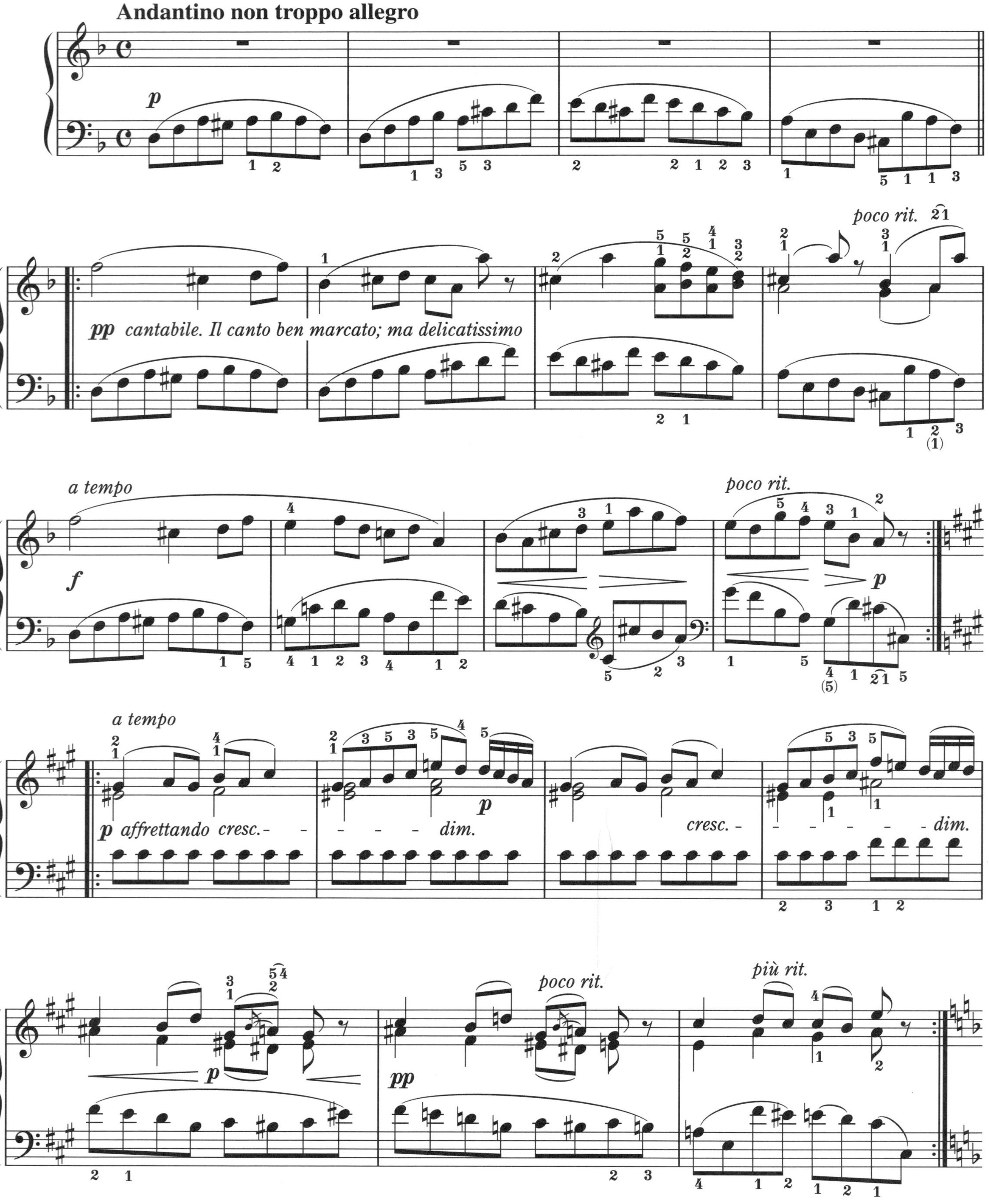
Andantino non troppo allegro
p
pp cantabile. Il canto ben marcato; ma delicatissimo
poco rit.
a tempo
f
poco rit.
p
a tempo
p affrettando cresc.
dim.
p
cresc.
dim.
p
pp
poco rit.
più rit.

Album pour enfants
《こどものアルバム》より

Prière du matin
朝の祈り

P. I. Tchaikovsky, op. 39-1
チャイコフスキー

Lento

Album pour enfants
《こどものアルバム》より

Mélodie antique française
フランスの古い歌

P. I. Tchaikovsky, op. 39-16
チャイコフスキー

Andantino

Album pour enfants
《こどものアルバム》より

La Sorcière

バーバ・ヤガー（魔女）

P. I. Tchaikovsky, op. 39-20
チャイコフスキー

Humoresky

ユモレスク

A. Dvořák, op. 101-7
ドヴォルザーク

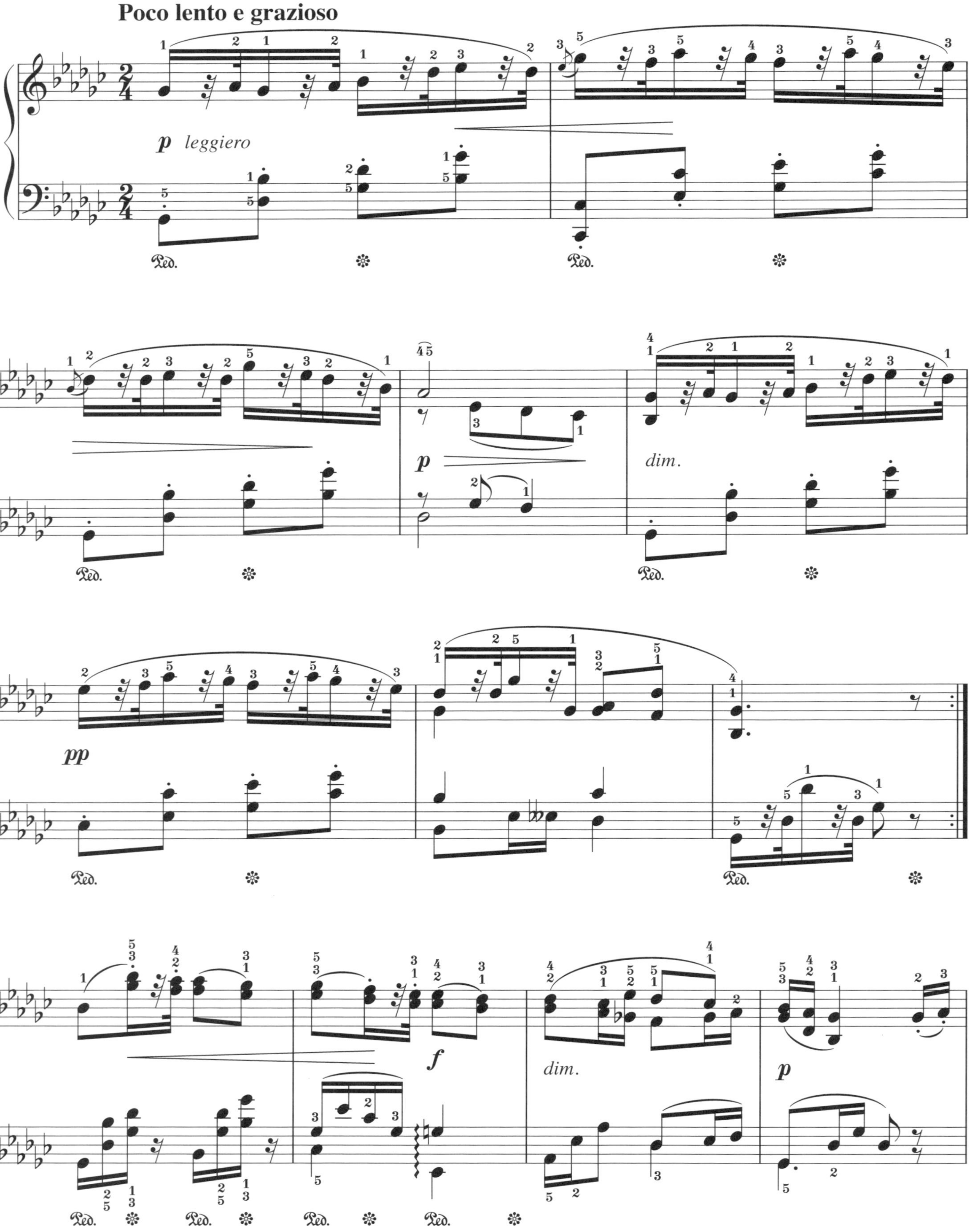
Poco lento e grazioso
p leggiero
dim.
pp
f
dim.
p

La prière d'une vierge

乙女の祈り

T. Badarzewska
バダジェフスカ

Andante

Lyriske småstykker I
《抒情小曲集》第1集より

Arietta
アリエッタ

E. Grieg, op. 12-1
グリーグ

Poco andante e sostenuto

Peer Gynt-Suite II
《ペール・ギュント》第2組曲より

Solveigs Sang
ソルヴェーグの歌

E. Grieg, op. 55-4
グリーグ

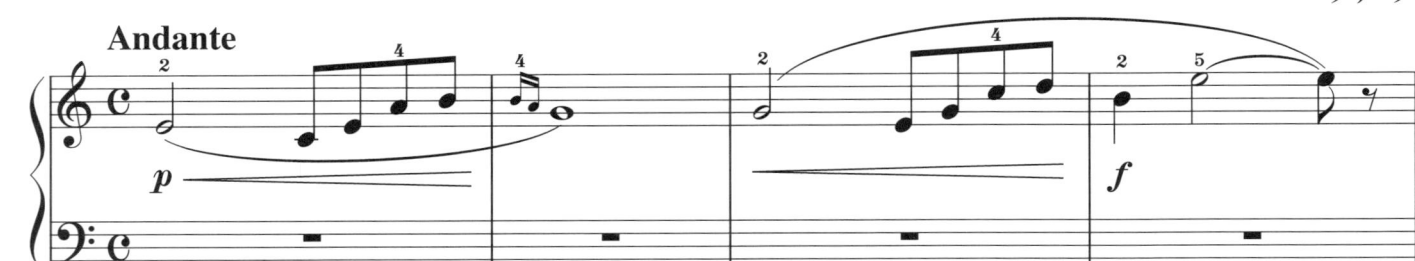

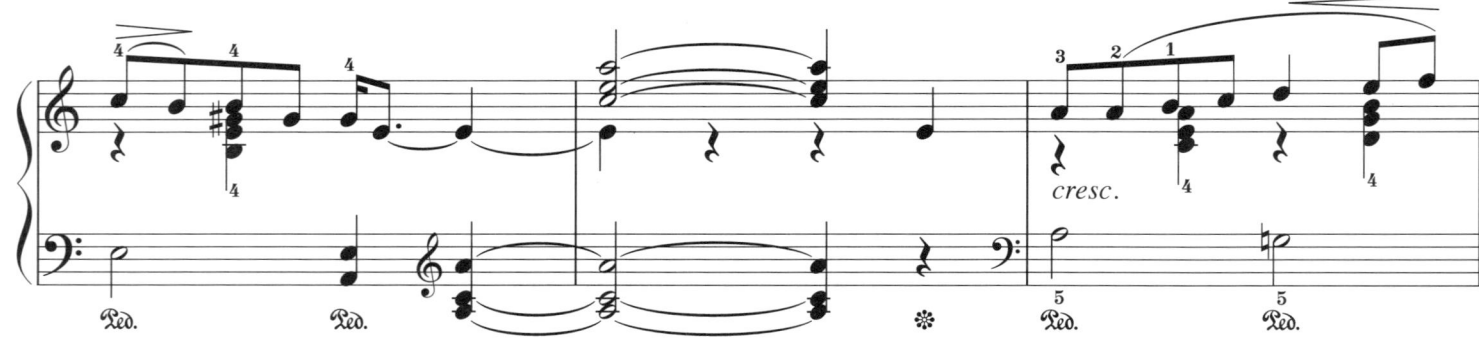

Allegretto tranquillamente

Allegretto tranquillamente

Berceuse

ジョスランの子守歌

B. Godard
ゴダール

Csikos Post

クシコスポスト

H. Necke
ネッケ

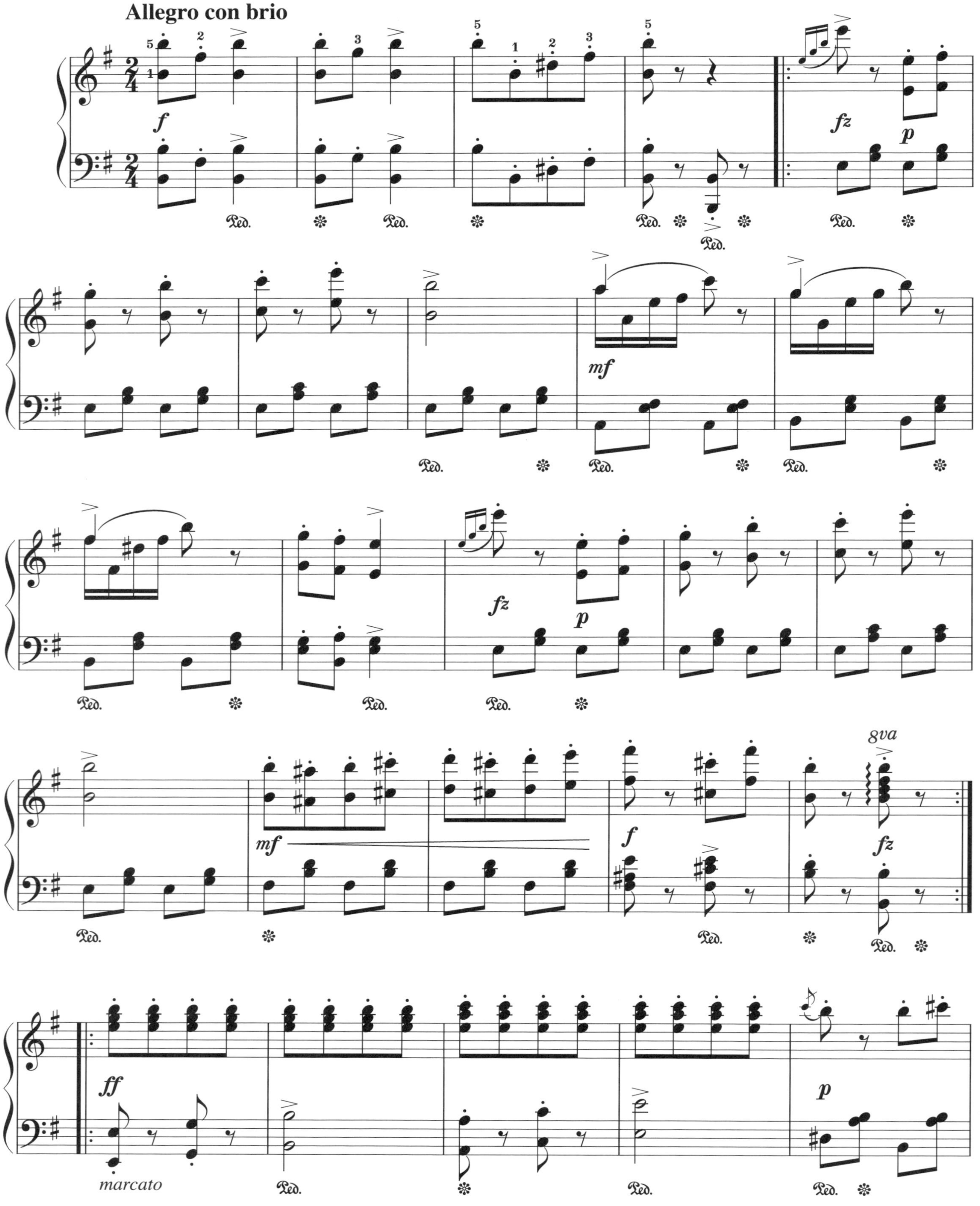

Allegro con brio

Finale

Woodland Sketches
《森のスケッチ》より

To a Wild Rose
野バラに寄せて

E. MacDowell, op. 51-1
マクダウェル

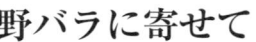

With simple tenderness ♩ = 88

The Little Nigar

小さな黒人

C. Debussy
ドビュッシー

Allegro giusto

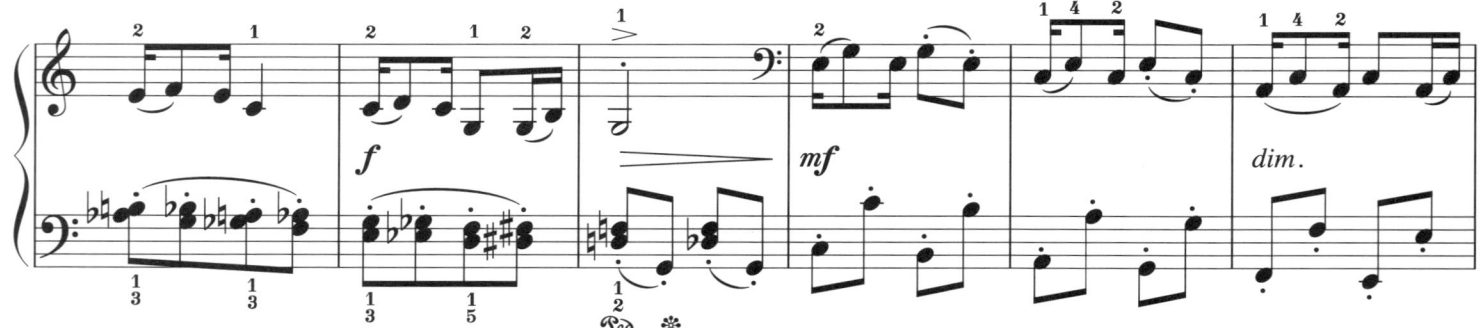

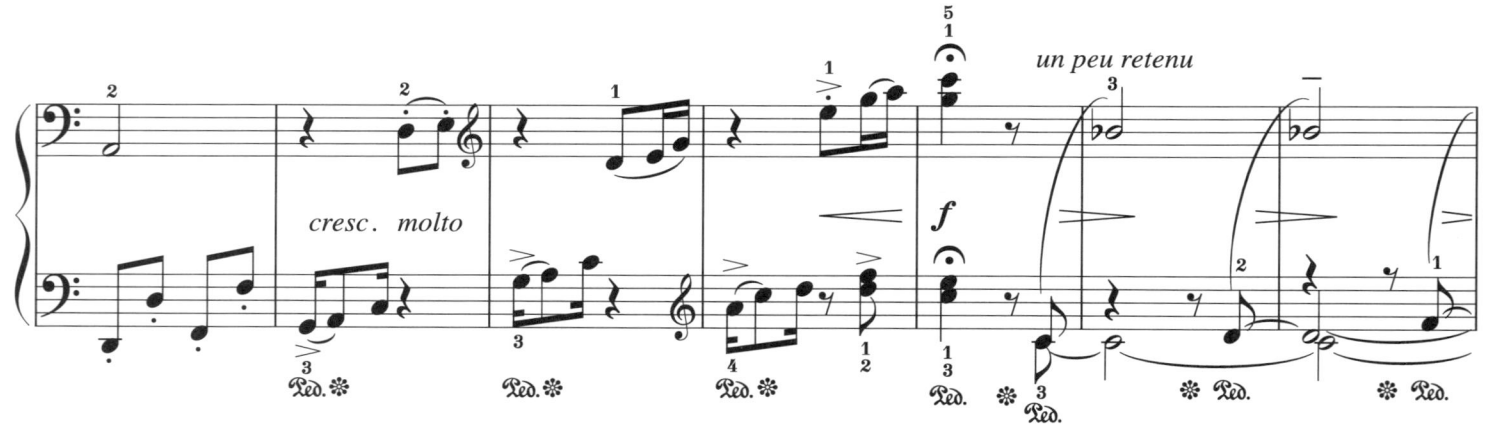

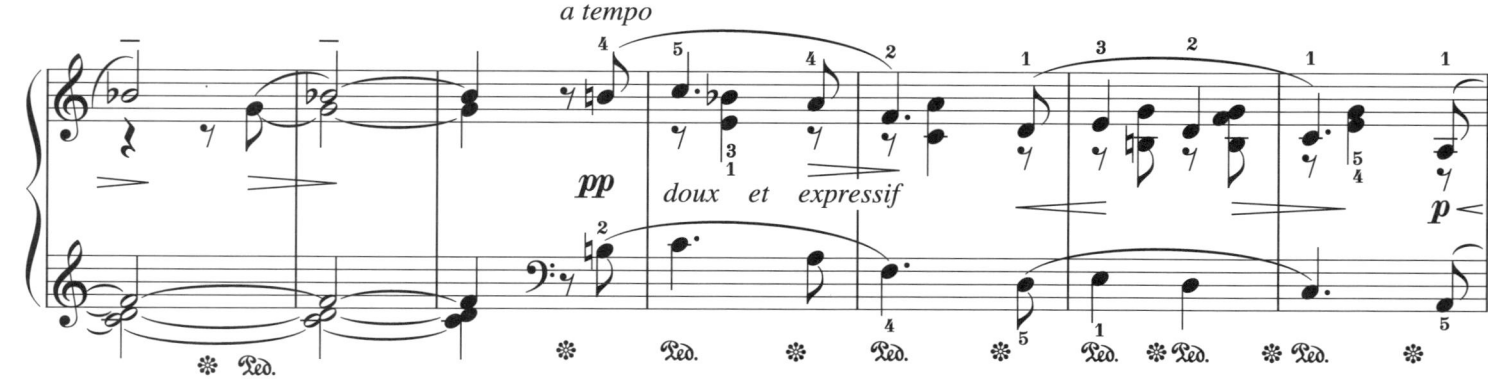

1ère Gymnopédie

ジムノペディ第1番

E. Satie
サティ

1ère Gnossienne

グノシエンヌ第1番

E. Satie
サティ

127

Du bout de la pensée
少し考えをもって

Postulez en vous-même
自信を内に秘めて

Pas à Pas
一歩一歩徐々に

Sur la langue
のどまで出ているけれど言葉ではっきり言えない気持で

Kuckucks-Walzer

かっこうワルツ

J. E. Jonasson
ヨナッソン

Gyermekeknek I
《子供のために》第1巻より

Játszó gyermekek

遊んでいる子供たち

B. Bartók, BB53
バルトーク

(32″)

Mikrokosmos I
《ミクロコスモス》第1巻より

Nagyvásár
にぎやかな市場

B. Bartók, BB105
バルトーク

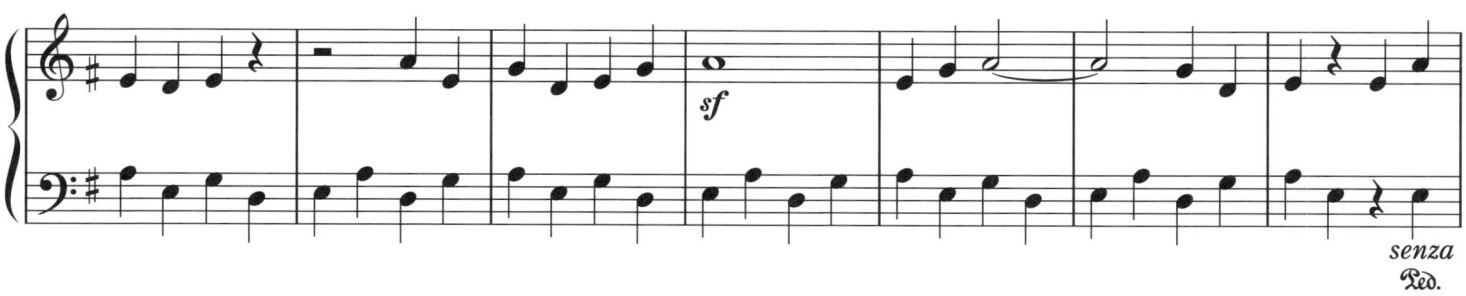

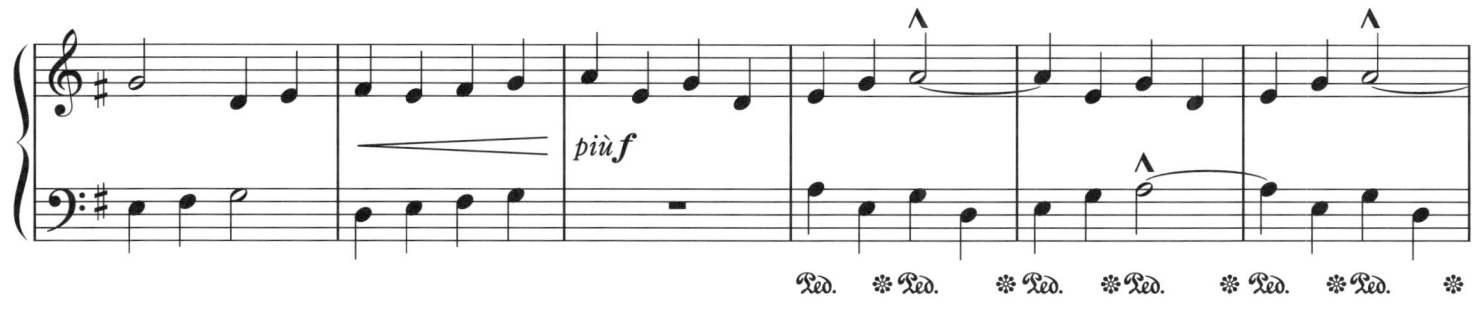

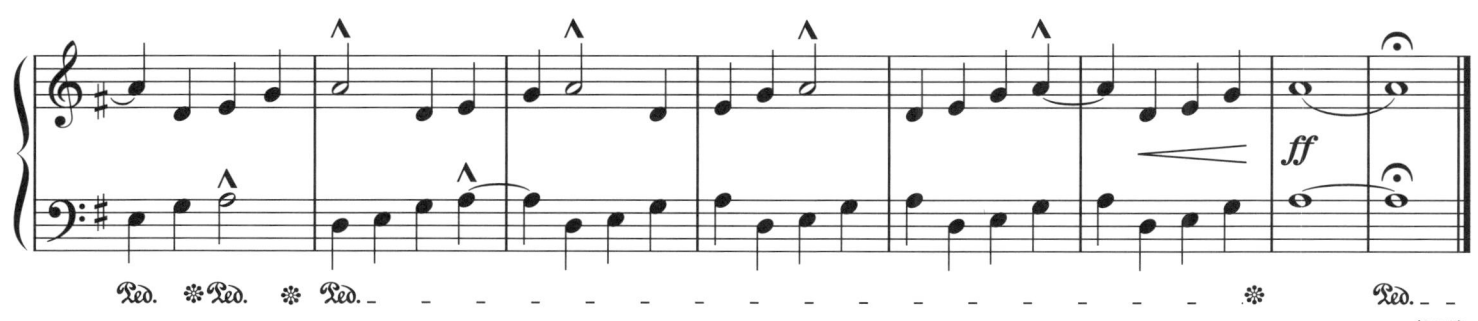

(35″)

Tíz könnyű zongoradarab
《10 のやさしいピアノ小品》より

Este a székelyeknél

トランシルヴァニアの夕べ

B. Bartók, BB51
バルトーク

Vivo, non rubato

Musiques d'enfants
《こどもの音楽》より

Tarantelle
タランテラ

S. Prokofiev, op. 65-4
プロコフィエフ

Pictures of Childhood
《少年時代の画集》より

Birthday Party
バースデイ・パーティー

A. Khachaturian
ハチャトゥリャン

Aram Ilyich Khatchaturian : Birthday Party (Pictures of Childhood)
Copyright by Zen-On Music Company Ltd. for Japan

30 Pieces for Children
《こどものためのピアノ小曲集》より

A Short Story
みじかいお話

D. Kabalevsky, op. 27-20
カバレフスキー

Dmitry Borisovich Kabalevsky : A Short Story op. 27-20
Copyright by Le Chant du Monde
Assigned to Zen-On Music Company Ltd. for Japan

Villageoises
《村人たち》より

Valse Tyrolienne
チロル風ワルツ

F. Poulenc
プーランク

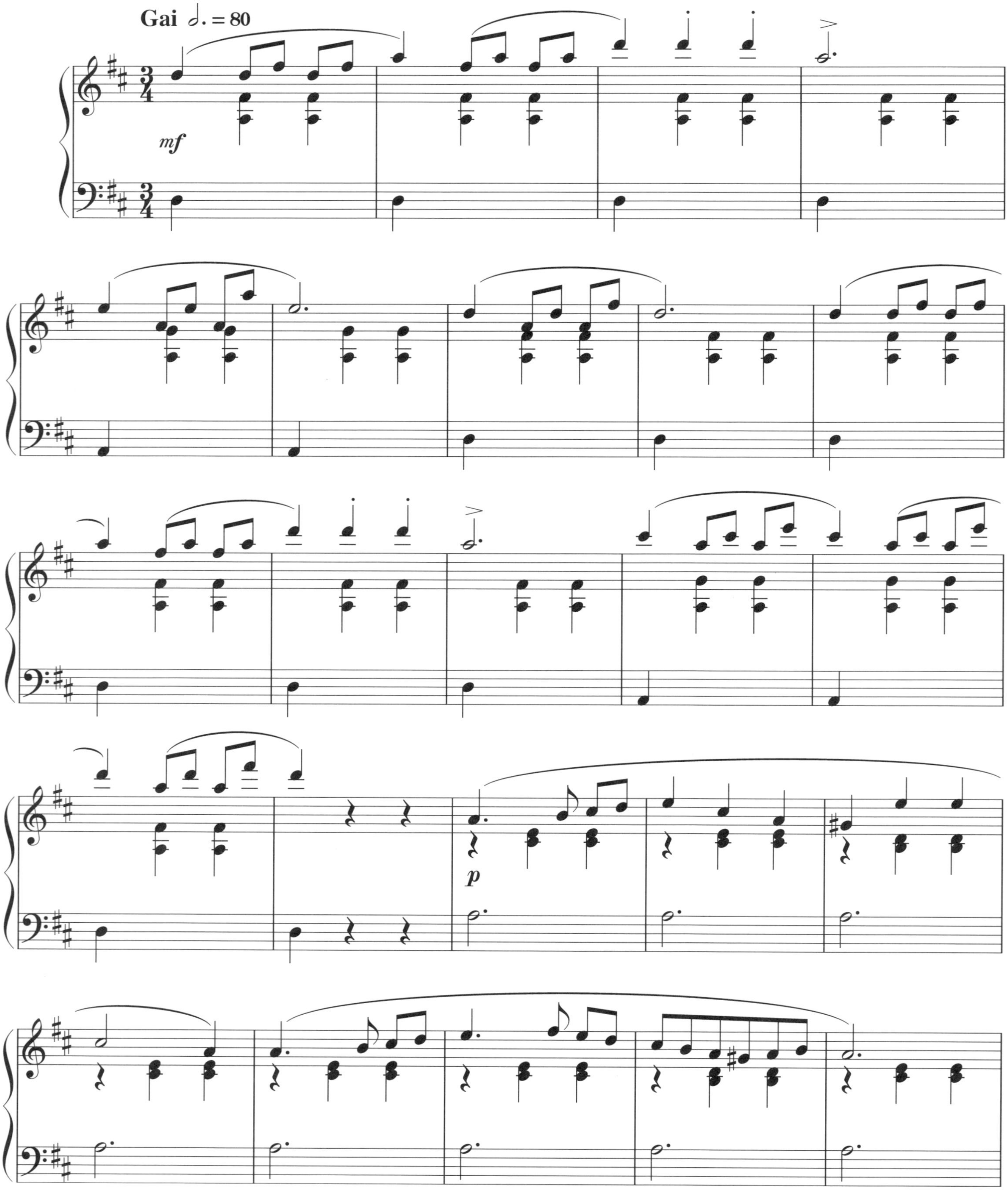

March
マーチ

D. Shostakovich, op. 69-1
ショスタコーヴィチ

Dmitrij Dmitrievich Shostakovich : March op. 69-1
Copyright by Zen-On Music Company Ltd. for Japan

Etude allegro

エチュード・アレグロ

Y. Nakada
中田喜直

Clouds' Walk
雲の散歩

S. Ikebe
池辺晋一郎

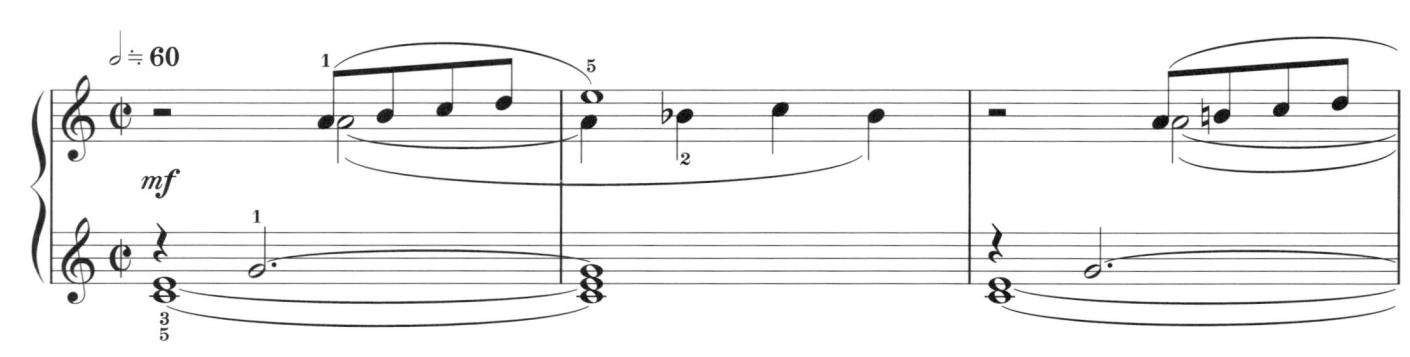

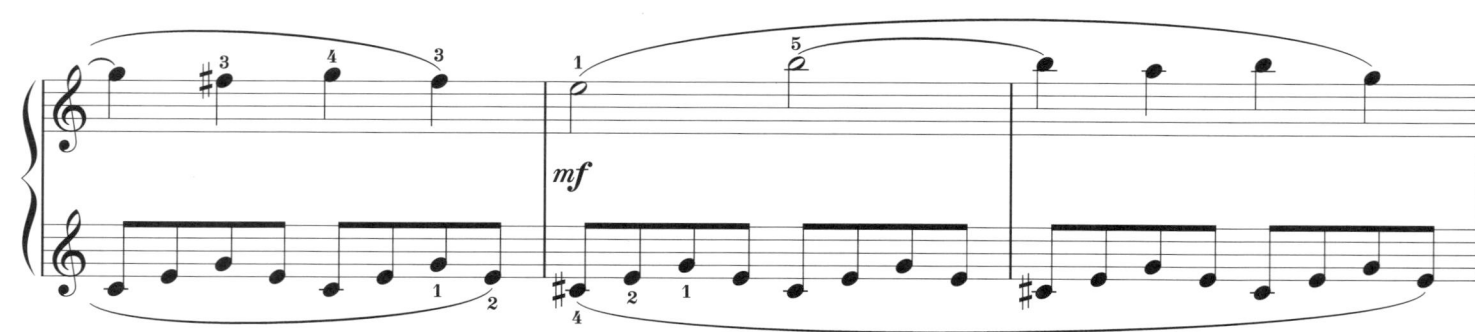

Lyric Preludes in Romantic Style
《叙情小曲集》より

Forest Murmurs
森のざわめき

W. Gillock
ギロック

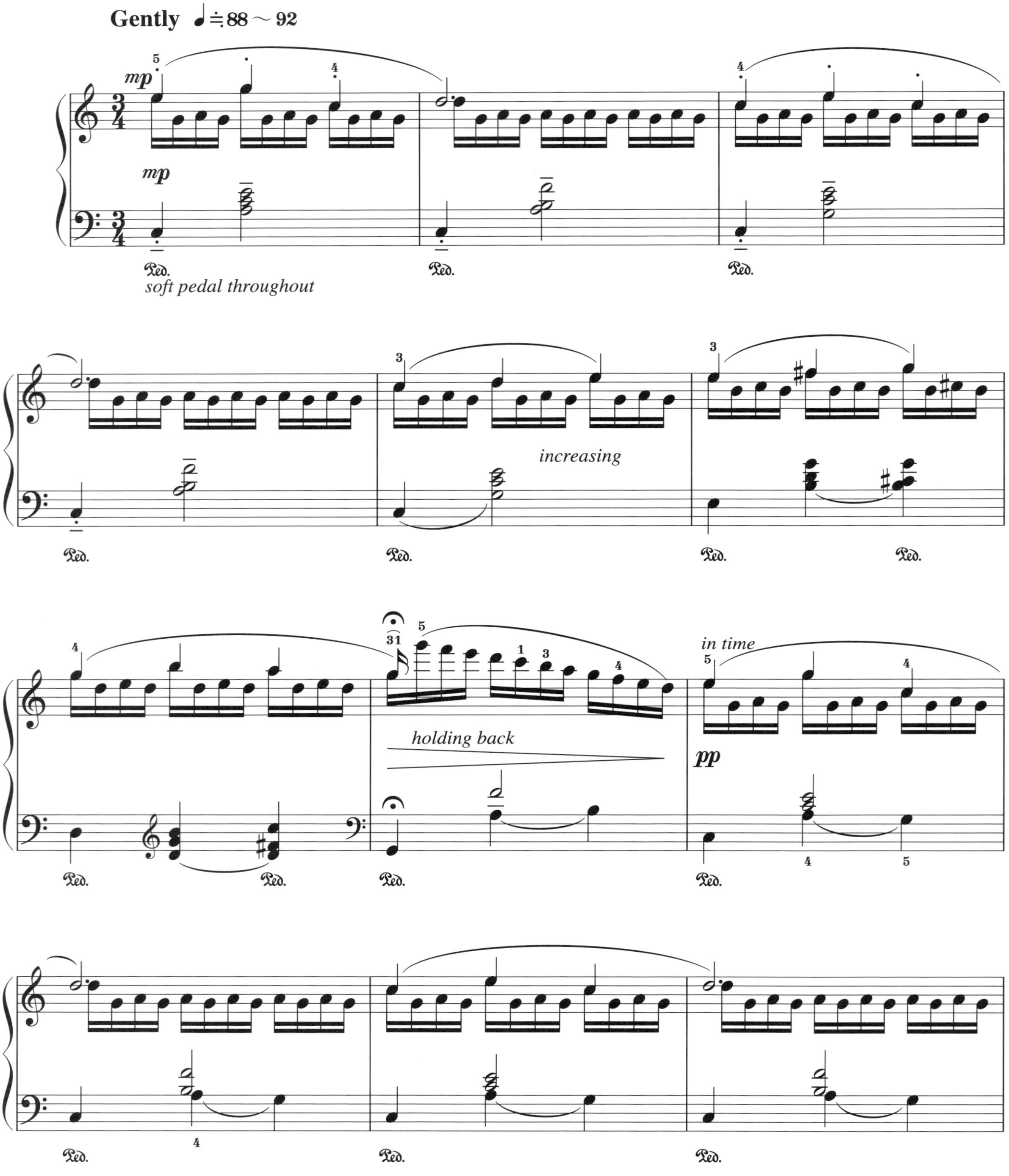
Gently ♩≒88～92
mp
mp
Ped.
soft pedal throughout
increasing
holding back
in time
pp

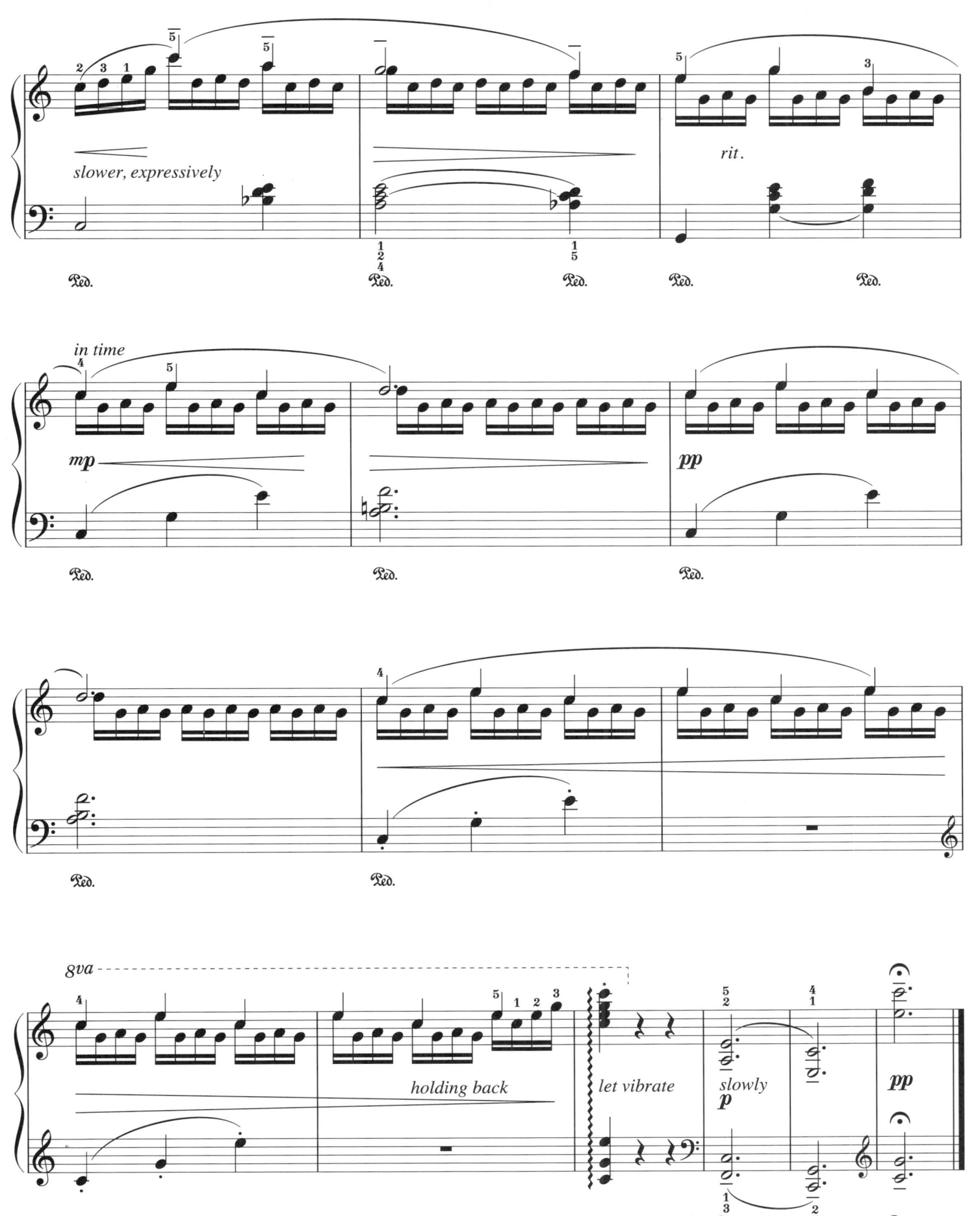

Album for Children
《こどものためのアルバム》より

Sleighbell in the Snow
雪の日のソリのベル

W. Gillock
ギロック

William Lawson Gillock : Sleighbells in the Snow
© 1962 by The Willis Music Company
Assigned to Zen-On Music Company Ltd. for Japan

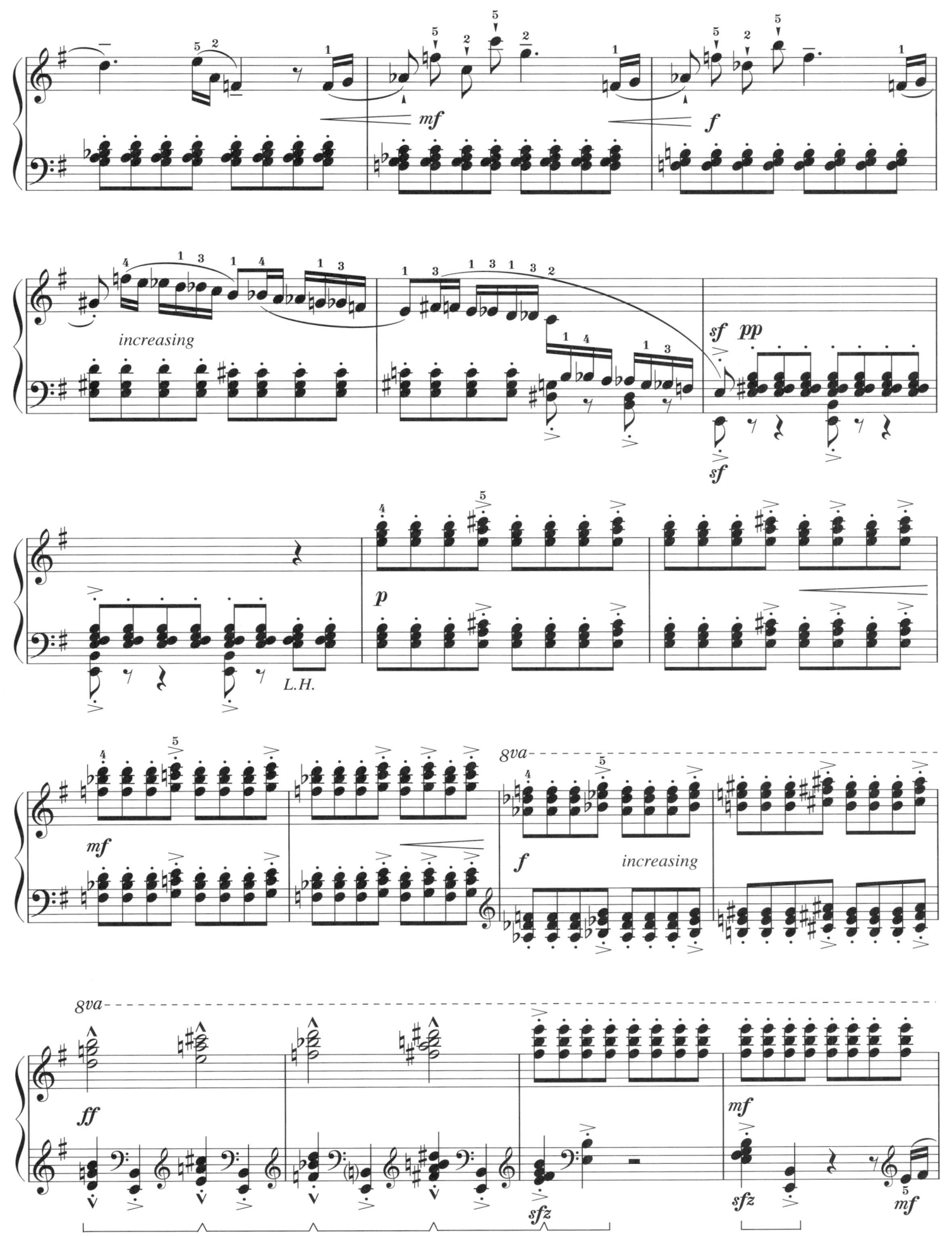

Children's Land
《こどもの国》より

Something good may happen !
いいことがありそう！

A. Yuyama
湯山　昭

Rainbow Rhythm
《虹のリズム》より

A Line Dance of Tulips
チューリップのラインダンス

T. Hirayoshi
平吉毅州

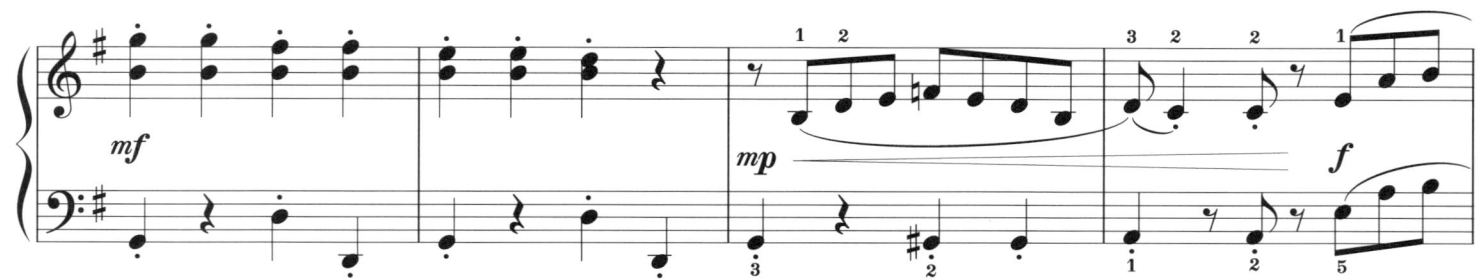

曲 目 解 説

メヌエット

作曲：ヨハン・クリーガー（1652-1735）

メヌエットはバロック時代に大流行した、フランス起源の3拍子の優雅な舞曲。ルイ14世が宮廷の舞曲に採り入れてから、ヨーロッパ中で流行した。クリーガーはドイツの作曲家でオルガン奏者。対位法の名人で、その技術をヘンデルが絶賛したと伝えられている。

メヌエット BWV Anh. 114
メヌエット BWV Anh. 115

作曲：クリスティアン・ペツォルト（1677-1733）、伝バッハ

ポロネーズ BWV Anh. 119
ミュゼット BWV Anh. 126

作曲：作曲者不詳、伝バッハ

4曲ともバッハが2度目の妻に教育目的で書き贈った《アンナ・マグダレーナ・バッハのためのクラヴィーア小曲集》に収録されている。2つのメヌエットは「バッハのメヌエット」として知られるが、ドレスデンの作曲家ペツォルトの曲。
ポロネーズはポーランド民族舞曲で、農民たちの歩行踊りが起源。フランス宮廷に取り入れられ壮麗な舞踏に変化した。
ミュゼットは17-18世紀にフランスで流行したふいご式のバグパイプのこと。この伴奏で踊る牧歌的な舞曲のことも意味する。

前奏曲

作曲：ヨハン・セバスティアン・バッハ（1685-1750）

1722年にまとめられた《平均律クラヴィーア曲集》第1巻の第1番で、バッハがケーテンの宮廷に仕えていた頃の作品。響きの精妙な変化が美しいこの前奏曲は、和音の教材がのもとになっている。

サラバンド

作曲：ゲオルク・フリードリヒ・ヘンデル（1685-1759）

《ハープシコード組曲》第2巻第4番HWV437の第8曲。サラバンドは17世紀にフランス宮廷に伝わった高貴で荘重な舞曲。アリア〈私の泣くがままに〉の旋律をもとに2つの変奏を展開している。

オンブラ・マイ・フ

作曲：ゲオルク・フリードリヒ・ヘンデル（1685-1759）

1738年に発表した歌劇《セルセ》の中の有名なアリアで「ラルゴ」とも呼ばれる。前5世紀のペルシアを舞台で、王セルセがプラタナスの樹の木陰で歌う。

ブーレ

作曲：ゲオルク・フリードリヒ・ヘンデル（1685-1759）

原曲はオーボエ・ソナタ HMV363a の第4楽章だが、ピアノやヴァイオリンの初級教材としてよく演奏される。ブーレは17、18世紀に流行したフランスの舞曲。

ソナタ

作曲：ドメニコ・スカルラッティ（1685-1757）

スカルラッティは、ナポリの出身でマドリードで生涯を終えた作曲家。生涯に555曲以上のソナタを書き残した。このソナタ K. 159は「狩」という通称がある。

小さな風車

作曲：フランソワ・クープラン（1668-1733）

クープランが生涯にわたって書き続けた全4巻220余曲からなる《クラヴサン曲集》の、第3巻第17組曲の第2曲。クープランはルイ14世の宮廷のオルガン奏者、クラヴサン奏者で、宮廷の暮らしや自然をクラヴサンで鮮やかに表現し、フランス鍵盤音楽の一時代を築いた。

タンブラン

作曲：ジャン＝フィリップ・ラモー（1683-1764）

タンブランはプロヴァンス地方に伝わる細長い太鼓のこと。左手で太鼓を叩き、右手で小さな縦笛を演奏した。そこからこの伴奏で踊る舞曲もタンブランと言う。ラモーはフランスの作曲家でオペラや音楽理論で功績を残している。

かっこう

作曲：ルイ＝クロード・ダカン（1694-1772）

1735年に出版された《クラヴサン曲集》の1曲。ダカンはフランス王ルイ14世に寵愛され音楽家で、王室礼拝堂やノートルダム大聖堂のオルガン奏者・チェンバロ奏者を歴任している。

メヌエット K. 1e/f、メヌエット K. 2
アレグロ K. 3

作曲：ヴォルフガング・アマデウス・モーツァルト（1756-91）

神童と言われたモーツァルトの5歳頃の作品。父レオポルトが、ヴォルフガングの姉マリア・アンナ（ナンネル）の勉強のために用意した《ナンネルの楽譜帳》に書き込まれている。現在でも初級教材として、こどもによく演奏される。

ロマンツェ

作曲：ルートヴィヒ・ヴァン・ベートーヴェン（1770-1827）

『ソナチネ・アルバム』に収録されているソナチネの第2楽章で、ベートーヴェンが少年時代にボンで書いたと言われる。

ト調のメヌエット

作曲：ルートヴィヒ・ヴァン・ベートーヴェン（1770-1827）

ベートーヴェンがボンを離れウィーンに移った頃の作品で、管弦楽のための《6つのメヌエット》第2曲。貴族の夜会用に書いたと推測される。ピアノ用編曲は作曲者自身による。

エリーゼのために

作曲：ルートヴィヒ・ヴァン・ベートーヴェン（1770-1827）

1808年に作曲されたバガテル。ベートーヴェンの死後、かつて求婚したことのあるテレーゼ・マルファッティの書簡箱から，この曲の草稿が発見された。そのため《テレーゼのため》が正しい曲名という説があるが、この草稿は失われ真相は不明だ。

エコセーズ

作曲：ヨハン・ネポムク・フンメル（1778-1837）

エコセーズとはフランス語で「スコットランド風（舞曲）」の意味。当時流行の舞曲だ。フンメルは今日ではあまり知られていないが、モーツァルトとハイドンに師事し、ベートーヴェンと親しく、シューベルトに影響を与えた大音楽家だった。

アレグレット

作曲：アントニオ・ディアベリ（1781-1858）

ディアベリはウィーンで活躍した作曲家、出版業者。『ソナチネ・アルバム』に収録された作品や連弾曲が今日よく演奏されている。

楽興の時第3番

作曲：フランツ・シューベルト（1797-1828）

1823-28年にかけて作曲された《6つの楽興の時》の中で最も有名な曲。曲名は「音楽的な瞬間」といった意味。

マズルカ

作曲：フレデリック・ショパン（1810-49）

1830年から31年にかけて作曲された《5つのマズルカ》op. 7の第1曲。マズルカは、ショパンの故国ポーランドの代表的な舞曲。彼はマズルカを日記のように書き続け、51曲（遺作などを合わせると60曲）残した。

ワルツ

作曲：フレデリック・ショパン（1810-49）

ショパンの死後に発見された作品で、演奏が易しいことから、ショパン入門として演奏されることが多い。

前奏曲、雨だれの前奏曲

作曲：フレデリック・ショパン（1810-49）

1836-39年に作曲された《24の前奏曲集》op. 28の中の曲。マズルカ風の第7曲は、24曲中最も早く作曲されている。《雨だれの前奏曲》は第15曲。嵐の夜、修道院の陰鬱な雰囲気におびえる中で作曲されたと言われる。

兵隊の行進、勇ましい騎手
楽しき農夫、はじめての悲しみ

作曲：ローベルト・シューマン（1810-56）

1848年、長女マリーの誕生日プレゼントをきっかけに作曲された《こどものためのアルバム》op. 68の曲。ドイツ・ロマン派の作曲家シューマンの教育用作品は、今日に至るまで多くの作曲家に影響を与え続けている。

トロイメライ

作曲：ローベルト・シューマン（1810-1856）

1838年に発表された《こどもの情景》op. 15の中で最も有名な曲。いつまでも童心を失わなかったシューマンらしい曲で、曲名はドイツ語で「夢見心地」という意味。

婚礼の合唱

作曲：リヒャルト・ワーグナー（1813-83）

1846-48年に歌劇《ローエングリン》の中の1曲。中世の伝説にもとづいてワーグナー自身が台本を書き、作曲した。聖杯の騎士ローエングリンと王女の結婚の場で演奏される。

お人形の夢と目覚め、アルプスの鐘

作曲：テオドール・エステン（1813-70）

どちらも発表会の人気曲。特に「お人形の夢と目覚め」は非常によく演奏される。エステンはシューマンと同世代のピアノ教師・作曲家。サロン風の曲を多く作曲している。

紡ぎ歌

作曲：アルベルト・エルメンライヒ（1816-1905）

「紡ぎ歌」というのは、糸車で糸を紡ぐときの歌。エルメンライヒはドイツの宮廷劇場の俳優で、詩人、作曲家。

ティロリエンヌ

作曲：ヨーゼフ・ルンメル（1818-80）

ティロリエンヌとは、オーストリアのチロル地方の3拍子の民俗舞曲。ルンメルはドイツのピアニスト、クラリネット奏者。

舞踏の時間に、忘れな草

作曲：ハインリッヒ・リヒナー（1829-98）

リヒナーは、ドイツの作曲家・指揮者。この作品のほか《ジプシーの踊り》やソナチネなど学習者向けのやさしいピアノ曲を多数作曲し、合唱作品も書いている。

ガヴォット、小さなロマンス

作曲：コルネリウス・グルリット（1820-1901）

こども向けのピアノ曲集《はじめての演奏》op. 210の中の曲。グルリットはドイツやデンマークで活躍した作曲家。今日ではピアノ学習者用の作品が知られている。

あやつり人形

作曲：エドゥアルド・ローデ（1828-83）

ローデはドイツのピアノ教師でオルガニスト。ドイツ民謡の編曲やピアノ小品を主に作曲している。

荒野のバラ

作曲：グスタフ・ランゲ（1830-89）

ランゲはベルリンを拠点に活動した作曲家で、《花の歌》で知られる。甘くやさしいサロン風のピアノ曲を400余り残した。

瞑想

作曲：モデスト・ムソルグスキー（1839-81）

1880年に作曲。「アルバムのページ」という副題がある。ムソルグスキーは「5人組」というロシア国民楽派のひとり。《展覧会の絵》など表現力豊かで民衆的な作品を書いた。

すみれ

作曲：ルイス・ストリーボック（1835-86）

ストリーボックはベルギーの作曲家。本名はゴバーツGobbaertsといい、つづりを逆さまにしてStreabbogというペンネームにしたという。学習者用の作品が知られている。

スケーターズ・ワルツ

作曲：エミール・ワルトトイフェル（1837-1915）

原題は「スケートをする人々」。「フランスのワルツ王」ワルトトイフェルは第二帝政下の宮廷音楽家となり、《女学生》を始めとして多数のワルツやポルカで一世を風靡した。

朝の祈り、フランスの古い歌
バーバ・ヤーガー（魔女）

作曲：ピョートル・イリイチ・チャイコフスキー（1840-93）

1878年に作曲された《こどものアルバム》op. 39の中の曲。ロシアの作曲家チャイコフスキーが7歳の甥のために作曲した。〈バーバ・ヤーガー〉とはロシア民話に登場する魔女で、雄鳥の足の上に立つ小屋に住み、森に迷い込む人間をつかまえると言う。

ユモレスク

作曲：アントニン・ドヴォルザーク（1841-1904）

1894年に作曲された《8つのユモレスク》op. 101の第7曲。チェコ作曲家ドヴォルザークが、晩年にアメリカから帰国し、故郷のくつろいだ気分の中で作曲したのがこの曲集だ。ヴァイオリンでよく演奏される。

乙女の祈り

作曲：テクラ・バダジェフスカ（1834-61）

バダジェフスカはポーランドの女流作曲家。27年の短い生涯の間に30曲以上のサロン風のピアノ作品を残している。近年再評価が進んでいる作曲家のひとり。この曲は1851年にワルシャワで出版。59年にフランスで音楽雑誌で紹介されてから一躍有名になった。

アリエッタ

作曲：エドヴァルド・グリーグ（1843-1907）

1867年に出版された《抒情小曲集》の第1集op. 12の第1曲。ノルウェーの作曲家グリーグが生涯書き続けた《抒情小曲集》の最初の曲で、曲名は「小さなアリア」という意味。

ソルヴェーグの歌

作曲：エドヴァルド・グリーグ（1843-1907）

ノルウェーの劇作家イプセンの戯曲『ペール・ギュント』をもとに作曲した劇音楽の中の1曲。グリーグは後に管弦楽のための組曲や歌曲に編曲している。ソルヴェーグはペールの婚約者で、機をおりながらこの曲を歌う。

ジョスランの子守歌

作曲：バンジャマン・ルイ・ゴダール（1849-95）

1888年にパリで初演された。歌劇《ジョスラン》の中の1曲。ゴダールはフランスの作曲家でパリ音楽院で作曲とヴァイオリンを学んだ。オペラや交響曲、ヴァイオリン協奏曲など多彩な作品を残している。

クシコスポスト

作曲：ヘルマン・ネッケ（1850-1912）

ネッケはドイツの作曲家。「クシコス」とはハンガリー語のチコシュ（馬）のことで、「クシコスポスト」は郵便馬車を指すと言われている。運動会のBGMでおなじみの人気曲だ。

野バラに寄せて

作曲：エドワード・マクダウェル（1860-1908）

1896 年に作曲された《森のスケッチ》op. 51 の第 1 曲で、ニューイングランドの森からインスピレーションを得て書かれた。マクダウェルはニューヨーク出身の作曲家で、アメリカの風物を題材にした詩的な作品を数多く残している。

小さな黒人

作曲：クロード・ドビュッシー（1862-1918）

1909 年刊の『ピアノ初級教則本』に収録されていたが、ドビュッシーの死後発見された。「お菓子のダンスと言われる黒人の踊り」という副題があり、2/4 拍子の強いシンコペーションが特徴の「ケークウォーク」というスタイルで書かれている。エキゾチックを好んだドビュッシーらしい曲。

ジムノペディ第 1 番

作曲：エリック・サティ（1866-1925）

1888 年に作曲され《3 つのジムノペディ》の第 1 曲。曲名は、古代ギリシアのスパルタの祭典で行われたアポロンを讃える踊りに由来すると言う。サティはフランスの作曲家で、そのユニークな作風は近代音楽に大きな影響を与えた。

グノシエンヌ第 1 番

作曲：エリック・サティ（1866-1925）

1890 年に作曲された《3 つのグノシエンヌ》の第 1 曲。グノシエンヌは全部で 6 曲あるが、この 3 曲は生前にまとめて出版された。曲名は「グノス風」の意味で、古代クレタ島の住人のことを指すと言われている。

かっこうワルツ

作曲：ヨハン・エマヌエル・ヨナッソン（1886-1956）

スウェーデンの作曲家・トランペット奏者ヨナッソンの作品で、原曲は管弦楽曲。かっこうの鳴き声は、ダカンの曲やベートーヴェンの《田園》など音楽のモティーフによく使われている。

遊んでいる子供たち

作曲：ベーラ・バルトーク（1881-1945）

1908-09 年にかけて作曲された《子供のために》第 1 集の第 1 曲。原曲は子供の手つなぎ遊びの歌。バルトークはハンガリーの作曲家で自国の民謡の美しさに魅了され、生涯民謡を研究した。この曲も原曲の魅力を損ねないように伴奏が付けられている。

にぎやかな市場

作曲：ベーラ・バルトーク（1881-1945）

1940 年に出版された《ミクロコスモス》は、バルトークの音楽教育作品の集大成だ。その第 2 巻 47 番がこの曲。市場の騒がしさをオスティナートやペダルの響きで表している。

トランシルヴァニアの夕べ

作曲：ベーラ・バルトーク（1881-1945）

1908 年に作曲した教育的作品《10 のやさしいピアノ小品》BB51 の第 5 曲。ルーマニア国内のトランシルヴァニア地方が題材だが、民謡風の旋律はバルトークのオリジナル。

タランテラ

作曲：セルゲイ・プロコフィエフ（1891-1953）

1935 年に作曲された《こどものための音楽》op. 35 の第 3 曲。タランテラは南イタリアの民俗舞曲で、躍動するような 8 分の 6 拍子が特徴。《ピーターと狼》で知られるロシアの作曲家プロコフィエフの、モダンな感性と機知を感じさせる曲だ。

バースデイ・パーティー

作曲：アラム・ハチャトゥリャン（1903-78）

1947 年に自分の生徒のために作曲した《少年時代の画集》の中の 1 曲。《剣の舞》で知られるハチャトゥリャンは、コーカサス地方出身のアルメニア人作曲家。

みじかいお話

作曲：ドミトリー・カバレフスキー（1904-87）

1937-38 年にかけて作曲した、《こどものためのピアノ小曲集》op. 27 の第 20 曲。カバレフスキーはロシアの作曲家。組曲《道化師》は特に有名で、運動会の BGM にも用いられている。

チロル風ワルツ

作曲：フランシス・プーランク（1899-1963）

1933 年に作曲した、こどものためのピアノ小品集《村人たち》の第 1 曲。メロディがヨーデルに似ているところが、チロル風だ。プーランクはフランス 6 人組の作曲家のひとり。

マーチ

作曲：ドミトリー・ショスタコーヴィチ（1906-75）

1944-45 年にかけて娘ガリーナのために作曲した《こどもの音楽帳》op.69 の第 1 曲。ショスタコーヴィチはソヴィエト時代のロシアの作曲家。ショパン国際コンクールに入賞するほどのピアノの名手でもあった。

エチュード・アレグロ

作曲：中田喜直（1923-2000）

1956 年に出版された『こどものピアノ曲』の中の 1 曲。《夏の思い出》や《ちいさい秋みつけた》など知られる中田喜直は、ピアノ教育にも情熱を傾け、こどものピアノ曲も数多く書き残している。

雲の散歩

作曲：池辺晋一郎（1943-　）

1982 年に出版された組曲《雲の散歩》の第 4 曲。映画や舞台、テレビなど幅広く活躍している池辺晋一郎が、ピアノ雑誌「ムジカノーヴァ」の連載のために書き下ろしたもの。「雲がゆうゆうと広い空を散歩しています。なんて、気持ちよさそうなことでしょう」と作曲者の言葉が添えられている。

森のざわめき

作曲：ウィリアム・ギロック（1917-93）

1958 年に発表された《叙情小曲集》の第 1 曲。ギロックは、ニューオリンズでピアノ教師をしながら、教育用の作品を数多く作曲した。この曲集は「24 の調性で書かれたロマン派のスタイルによる」と副題が付き、調性感が養われるように工夫されている。〈森のざわめき〉はハ長調。

雪の日のソリのベル

作曲：ウィリアム・ギロック（1917-93）

《こどものためのアルバム》の第 19 曲目。シンプルだが弾き映えのする曲で、「ソリのベル」を描写する和音連打が印象的。

いいことがありそう！

作曲：湯山昭（1932-　）

1967 年に出版された《こどもの国》の第 1 曲。湯山昭は童謡やこどものピアノ曲で知られ、《こどもの国》や《お菓子の世界》は特に人気が高い。。作曲者自身による演奏のてびきは次のとおりに書かれている。「なんとなくいいことがありそうなきょう……。そんなうきうきしたきぶんでこの曲をひきましょう。はぎれのよいリズムがほしいですね」

チューリップのラインダンス

作曲：平吉毅州（1936-1998）

ラテンのリズムや様々な響きが盛り込まれた曲集で、1979 年に発表された《虹のリズム》の最終曲。平吉毅州はこどものピアノ曲をたくさん作曲したが、《気球にのってどこまでも》など合唱でも素晴らしい曲を書いている。

音楽用語一覧

[a]

a tempo, aT° 〔伊〕ア・テンポ　もとの速さで

ad libitum (ad lib.)〔羅〕アド・リビティウム（アド・リブ）
　自由に

affrettando〔伊〕アフレッタンド　急いで

al〔伊〕アル　〜まで

allegretto〔伊〕アレグレット　やや快速に、アレグロ
　とアンダンテの中間の速度

allegro〔伊〕アレグロ　快速に

amabile〔伊〕アマービレ　愛らしい、優しい

andante〔伊〕アンダンテ　「歩く」から出た語。アレ
　グレットとアダージョの中間の速度

andantino〔伊〕アンダンティーノ　アンダンテよりも
　やや速く

anima〔伊〕アニマ　生き生きと

[b][c]

basso〔伊〕バッソ　バス、低音部

ben〔伊〕ベン　充分に

cantabile〔伊〕カンタービレ　歌うように

cantando〔伊〕カンタンド　歌うように

canto〔伊〕カント　歌

come〔伊〕コーメ　〜のように、〜のとおりに

comodo〔伊〕コーモド　気楽に、ほどよく

con〔伊〕コン　〜をもって、〜と共に

con anima〔伊〕コン・アニマ　活気をもって

con brio〔伊〕コン・ブリオ　生気に満ちて、元気に

con fuoco〔伊〕コン・フオーコ　情熱をもって

con moto〔伊〕コン・モート　動きをつけて

crescendo (cresc.)〔伊〕クレッシェンド　だんだん強く

[d]

D.C. (da capo)〔伊〕ダ・カーポ　「頭から」の意。曲
　のはじめに戻り、曲の終わりまたは fine と記され
　たところまでくり返す

D.C. al Fine〔伊〕曲の頭から終わり（fine）まで

D.C. sin'al Fine〔伊〕曲の頭から終わり（fine）まで

D.S. (dal segno)〔伊〕ダル・セーニョ　「記号から」の
　意。𝄋 記号まで戻り、fine または ⌢ のついていると
　ころまで演奏する

D.S. al Fine〔伊〕𝄋 記号まで戻り、fine まで演奏する

decrescendo (decresc.)〔伊〕デクレッシェンド　だん
　だん弱く

delicatissimo (delicatiss.)〔伊〕デリカティッシモ　と
　ても繊細に

diminish〔英〕ディミニッシュ　だんだん弱く

diminuendo (dim. または dimin.)〔伊〕ディミヌエンド
　だんだん弱く

dolce〔伊〕ドルチェ　甘く、やさしく

dolcissimo (dolciss.)〔伊〕ドルチッシモ　とても甘く

douloureux〔仏〕ドゥルル　痛ましく

doux, doucement〔仏〕ドゥ　甘く、やさしく、やわらかく

[e]

e, ed〔伊〕エ、エド　そして

espressivo (espress. または espr.)〔伊〕エスプレッシー
　ヴォ　表情豊かに、感情を込めて

et〔仏〕エ　そして

etwas langsamer〔独〕エトヴァス　やや遅く

expressif〔仏〕エクスプレシフ　表情に富んだ

expressively〔英〕イクスプレッシヴリー　感情を込めて

[f]

finale〔伊〕フィナーレ　ソナタや交響曲などの最終
　楽章

fine〔伊〕フィーネ　終わり

frisch und munter〔独〕元気よく生き生きと

fuoco〔伊〕フオーコ　情熱

[g]

gai〔仏〕ゲ　陽気な、愉快な

gently〔英〕ジェントリー　静かに、穏やかに

giusto〔伊〕ジュスト　正確な、適切な

glissando〔伊〕グリッサンド　指を鍵盤上で滑らせ、
　通過するすべての音を鳴らす

Glöckchen〔独〕グレックヒェン　小さい鐘

grazioso〔伊〕グラツィオーソ　優美に、優雅に

[h][i]

holding back〔英〕ホールディング・バック　少し遅
　くして

il〔伊〕イル　すべての

in tempo〔伊〕イン・テンポ　正確なテンポで

in time〔英〕イン・タイム　正確な速さで

increase, increasing〔英〕インクリーズ，インクリージ
　ング　だんだん強く

[l]

L.H. (l.h.)〔英〕レフト・ハンド　左手

largamente〔伊〕ラルガメンテ　幅広く、寛大に

larghetto〔伊〕ラルゲット　ラルゴよりもやや速く

largo〔伊〕ラルゴ　非常にゆったりとした速度で

legato〔伊〕レガート　音をつなげて

leggiero (legg.)〔伊〕レッジェーロ　軽く

lento〔伊〕レント　遅く、ゆるやかに

let vibrate〔英〕レット・ヴィブレイト　よく響かせて

loco (loc.)〔伊〕ローコ　もとの位置で

lusingando〔伊〕ルジンガンド　甘美に、優しく

légèrement〔仏〕レジェルマン　軽快に

[m]

m.d. (main droite)〔仏〕マン・ドロワト　右手

m.d. (mano destra)〔伊〕マーノ・デストラ　右手

m.g. (main gauche)〔仏〕マン・ゴーシュ　左手

m.s. (mano sinistra)〔伊〕マーノ・シニストラ　左手

ma〔伊〕マ　しかし

marcato (marc.)〔伊〕マルカート　はっきりと

meno〔伊〕メーノ　より少なく

meno mosso〔伊〕メーノ・モッソ　今までより遅く

moderato〔伊〕モデラート　中庸の速さで、適度に

molto〔伊〕モルト　きわめて、非常に

mosso〔伊〕モッソ　躍動して、速く

munter und straff〔独〕生き生きと、緊張して

[n]

nicht schnell〔独〕ニヒト・シュネル　速くならないで

non〔伊〕ノン　〜でない

non troppo〔伊〕ノン・トロッポ　過度にならないよ
　うに

[p]

peu〔仏〕プ　少し、わずかに

peu à peu〔仏〕少しずつ、徐々に

più〔伊〕ピウ　いっそう、もっと、さらに

poco〔伊〕ポーコ　少し

poco a poco〔伊〕少しずつ

portamento〔伊〕ポルタメント　ある音からほかの音
　へ、なめらかに移る

presto〔伊〕プレスト　急速に

[r]

R.H. (r.h.)〔英〕ライト・ハンド　右手

ralentir〔仏〕ラランティール　だんだんゆるやかに

rallentando (rall. または rallent.)〔伊〕ラレンタンド
　だんだんゆるやかに

retard〔英〕リタード　だんだんゆるやかに

retenu〔仏〕ルトニュ　ただちに速度をゆるめる

risoluto〔伊〕リソルート　きっぱりと、決然と

ritardando (ritard. または rit.)〔伊〕リタルダンド　だん
　だんゆるやかに

ritenuto (riten.)〔伊〕リテヌート　ただちに速度をゆ
　るめる

rubato〔伊〕ルバート　テンポを自由に加減して

[s]

sans〔仏〕サン　〜なしに、〜でなく

sans ralentir〔仏〕サン・ラランティール　遅くしないで

scherzando〔伊〕スケルツァンド　浮かれた、陽気な

semplice〔伊〕センプリーチェ　素朴な、無邪気な

sempre〔伊〕センプレ　常に

senza〔伊〕センツァ　〜なしに

simile (sim.)〔伊〕シーミレ　同様に

sin' al fine〔伊〕シナル・フィーネ　終わりまで

slentando〔伊〕ズレンタンド　速度をゆるめて、だん
　だん遅くして

slightly marked〔英〕スライトリー・マークト　少し
　目立たせて

slow(er), slowly〔英〕スロウ（ワー），スロウリー（さ
　らに）ゆっくりと

smorzando (smorz.)〔伊〕ズモルツァンド　弱くしなが
　らだんだん遅く

soft pedal throughout〔英〕弱音ペダルを常に使って

sopra〔伊〕ソプラ　上に

sostenuto (sosten. または sost.)〔伊〕ソステヌート　音
　の長さを充分に保って

sotto voce〔伊〕ソット・ヴォーチェ　ひそやかに

staccato (stacc.)〔伊〕スタッカート　音と音の間を切っ
　て演奏する

steadily to the end〔英〕最後まで落ち着いて

still increase〔英〕スティル・インクリーズ　さらに強く

strepitoso〔伊〕ストレピトーソ　やかましく

[t]

tempo〔伊〕テンポ　速度、速さ

Tempo I , Tempo I° (tempo primo)〔伊〕テンポ・プリモ
　最初の速さで

Tempo di Minuetto〔伊〕メヌエットのテンポで

Tempo di Valse〔伊〕ワルツのテンポで

tenuto (ten.)〔伊〕テヌート　音を保って

tranquillo, tranquillamente〔伊〕トランクイッロ，トラ
　ンクイッラメンテ　静かに

très〔仏〕トレ　非常に

très légèrement〔仏〕トレ・レジェルマ　とても軽や
　かに

très rythmé〔仏〕トレ・リトメ　リズムを非常にはっ
　きりと

trio〔伊〕トリオ　メヌエット、スケルツォ、行進曲な
　どの中間部

tryrolienne〔仏〕ティロリエンヌ　チロル地方の

[u]〜[w]

un peu〔仏〕アン・プ　少し

Variation (Var.)〔独〕ヴァリアツィオーン　変奏

vif〔仏〕ヴィフ　生き生きと

vivace〔伊〕ヴィヴァーチェ　速く、生き生きと

vivo〔伊〕ヴィーヴォ　生き生きと活発に

with simple tenderness〔英〕素朴にやさしく

ピアノ名曲150選全3巻
索　　引

※　各行の巻は、「初」が初級編、「中」が中級編、「上」が上級編をそれぞれ指しています。

ピアノ名曲 150 選　　初級編

2009 年 3 月 31 日　　第 1 刷発行
2012 年 4 月 30 日　　第 8 刷発行

編　者　音　楽　之　友　社
発行者　堀　内　久　美　雄

東京都新宿区神楽坂 6 の 30
発行所　株式会社　音　楽　之　友　社

電話 03（3235）2111（代）〒 162-8716
http://www.ongakunotomo.co.jp/
振替 00170-4-196250

432240

印　刷　平河工業社
製　本　誠幸堂
楽譜浄書　s e v e n t h
長澤勝之
中野隆介
装　幀　吉永和哉